GOOD STRESS

GOOD STRESS

GOOD
STRESS

- 굿 스트레스 -

GOOD
- 굿 스트레스 -
STRESS

2025년 5월 10일 초판 1쇄 발행

지은이   이한성
펴낸이   김종욱

교정·교열   조은영
디자인   송여정
마케팅   백인영
영 업   유서진

주 소   경기도 파주시 회동길 325-22 세화빌딩
신고번호   제382-2010-000016호
대표전화   032-326-5036
구입문의   032-326-5036 / 010-6471-2550 / 070-8749-3550
팩스번호   031-360-6376
전자우편   mimunsa@naver.com
ISBN   979-11-87812-39-5 (03190)

- 굿 스트레스 -

GOOD

20년차 스포츠 심리학 전문가가 말하는
현대인들이 스트레스에서 벗어나는 가장 빠른 방법!

STRESS

이한성 지음

미문사

차 례

스트레스는 아군일까요?
적군일까요?

스트레스를 아군으로 만들면 우리에게 엄청난 이득이 될 것이고, 적군으로 만들면 우리를 가학하게 될 것입니다. 저는 이 책에서 상황에 따라 누군가에게는 아군이기도 하고 적군이기도 한 이 스트레스라는 놈을 우리가 어떻게 바라보고 이해해야 하는가에 대한 접근법을 이야기하고자 했습니다.

저자는 대학에서 체육학을 전공하고 스포츠심리학 영역으로 박사학위를 받았습니다. 현재는 대학에서 학생들을 대상으로 골프라는 스포츠 과목과 스포츠심리학 관련 과목을 지도하고 있습니다. 대학에서 골프와 스포츠심리학을 가르치는 이가 무슨 연유로 스트레스 관련 이야기를 쓰려고 할까요? 제가 20년 남짓 골프를 가르쳤던 이들을 꼽으라면 몇 명이나 될까요? 확실한 건 손으로 꼽기 힘들 정도로 매우 많습니다.

하지만 그들이 애기하는 공통적인 것이 하나 있습니다. 다름이 아니라 그것은 바로 다른 운동은 스트레스가 풀리는데 골프는 하면 할수록 스트레스가 더 쌓인다는 것입니다. 네 맞습니다. 저도 부인 못합니다. 골프는 스트레스를 많이 받게 하는 스포츠 종목임에 틀림이 없습니다. 저 또한 과거를 돌아보면 많은 스트레스를 받으면서 운동을 했습니다.

그러면서 '왜 사람들은 스트레스를 받으면서 골프를 할까?' '왜 골프는 스트레스를 받게 할까?'라는 생각이 들었습니다. 골프에 입문하시는 분들의 애기를 들어 보면 처음 골프를 접할 때 가지게 되는 생각 중 하나가 바로 '움직이는 야구공도 맞추는데 가만히 있는 골프공 정도야 못 맞추겠어'라고 합니다. 그만큼 골프를 쉽게 생각하며 접근한다는 뜻입니다.

그들이 애기하는 또 하나는 '내가 이 운동, 저 운동 다 해 봤는데 골프만큼은 정복이 안 되고 중독 증상이 가장 심하게 나타나는 운동인 거 같아'입니다.

  야사에 전해지는 이야기로 삼성 고(故) 이병철 회장은 자신의 뜻대로 안 되는 것이 딱 2가지가 있는데 첫 번째가 자식이고 두 번째가 골프라고 얘기했다고 합니다. 이렇듯 뜻대로 되지도 않고 스트레스를 안기게 하는 골프를 왜 그토록 잘하려고 하는지, 약간은 운동 중독 증세까지 보이면서까지 열광하는지 궁금증이 생겼습니다.

  그 궁금증 끝에는 '스트레스라는 녀석이 우리를 열광하게 하는 것은 아닌가?'라는 물음이 생기게 되었습니다. 만약 스트레스를 받지 않고 마냥 편안하게 잘할 수 있는 골프였다고 하면 우리가 과연 골프에 열광했을까요? 더 나아가 '인간에게 스트레스는 무엇인가?'라는 생각을 하게 되었고 그 답을 찾고 제시하기 위해 이 책을 써나가게 되었습니다. 대학에서 스포츠심리학을 가르치고 골프를 지도하는 사람이 써 내려가는 애증의 스트레스 한 번 보시죠!

  사람이 살면서 피할 수 없는 2가지만 꼽으라면 여러분은 무엇을 생각할 수 있겠습니까?

여러 가지가 있을 수 있겠지만 '하나는 세금 그리고 나머지 하나는 바로 스트레스(stress)가 아닐까?'라는 생각이 듭니다. 인생에서 피할 수 없는 것 중에 하나로 스트레스를 꼽는데 이견이 없을 것입니다. 하지만 우리는 그동안 스트레스라고 하면 만병의 근원, 절대 필요 없는 괴물 같은 것으로만 치부하고 요리조리 피하기에 급급했습니다.

그 실체를 알고자 하는 노력이 부족했습니다. 사람이 태어나서 노화로 이 세상을 마칠 때까지 스트레스는 우리와 함께할 수밖에 없습니다. 그래서 평생을 같이할 스트레스에 대한 다양한 면을 살펴보고자 합니다.

이제 곧 우리 사회는 5명 중 1명이 65세 이상인 고령 인구에 진입한다고 합니다. 초고령 사회가 되면서 가장 먼저 드는 생각은 무엇이겠습니까? 다름 아닌 건강과 관련한 모든 것이 먼저 떠오를 것입니다. 그런 건강과 관련이 깊은 것은 무엇일까요? 저는 '스트레스'라고 생각합니다. 앞으로 더욱 중요해질 스트레스를 우리는 어떻게 이해하고 바라봐야 하는가를 염두에 두고 이 책을 썼습니다.

지피지기(知彼知己)면 백전백승이라는 구절을 한 번쯤은

들어 보셨을 겁니다. 이 구절은 중국 고서인 손자병법에 나오는 구절입니다. 적을 알고 나를 알면 백번 싸워도 백번 이길 수 있다는 의미입니다. 그 적에 해당하는 스트레스에 대해서 여러분들이 얼마나 알고 있는지 몇 가지 질문을 해보겠습니다.

열심히 회사 생활을 하는 직장인 K씨가 있습니다. K씨는 회사에서 열심히 하였지만 어느 날 직상 상사에게 심한 질타를 받으면서 스트레스를 받습니다. 그런데 이상하게도 스트레스를 받은 날이면 K씨는 매운 음식이 생각나는 경험을 자주 하게 됩니다. 스트레스와 매운 음식은 도대체 어떤 연관성이 있기에 그럴까요?

또 다른 대학원생 L씨는 논문 지도를 받던 중 지도교수에게 심한 꾸지람을 듣습니다. 그래서 L씨는 평소 좋아하여 자주 가던 노래방을 찾아 고래고래 소리를 지르며 노래를 힘껏 부릅니다. 그랬더니 지도교수에게 받은 스트레스가 어느 순간 사라진 것을 느낍니다. 노래를 부르면서 소리를 내는 것은 스트레스와 또 어떤 관련이 있기에 그랬을까요?

요즘 근육에 대한 이슈가 남녀노소를 불문하고 한참 뜨거운데 근육에 관한 질문 던져 보겠습니다. 근육이 성장하기 위해서는 근육이 찢어지는 듯한 고통이 있어야 한다고 합니다. 찢어지는 듯한 고통이 없으면 근육의 성장은 기대할 수가 없습니다. 인간에게 근육이 찢어지는 고통은 스트레스가 분명합니다. 우리는 왜 찢어지는 스트레스 뒤에 쾌감, 뿌듯함, 나아가 스트레스가 해소되는 느낌이 들게 될까요?

저는 위와 같은 일련의 질문과 해답을 통해 여러분들이 스트레스에 대해 오해하고 있거나 명확하지 못했던 개념을 또렷하게 하여 조금이나마 스트레스 실체를 더 드러내 주기 위해 이 책을 썼습니다.

나아가 저자는 오해를 많이 받는 스트레스에 대해서 현대인들, 특히 한국인들은 스트레스를 어떻게 인지하고 규정 짓고 있는지 알아보기 위해 저자가 운영하는 '싸이크라테스(Psycrates)'라는 멘탈코칭연구소 주관으로 진행한 연구 내용을 활용하였습니다. 예를 들어 한국인에게 스트레스란 무엇인가?, 한국인은 어떤 상황에서 많은 스트레스를 받는가?, 스트레스는 어떤 심리적 불안 요소로 연결되는가? 라는 질문과 이해를 통해 좀 더 현실적인 스트레스를 이해하고자 하였습니다.

이 책에서는 이렇게 우리에게 가장 흔한 주제이면서도 정복되지 않은 영역인 스트레스를 알아보고자 하였습니다. 저자는 이 책을 통해 스트레스가 단순히 회피해야만 할 대상이 아니라, 신체적·심리적 면역 체계를 강화할 수도 있는 자원으로 인식되기를 바랍니다. 이 책이 여러분에게 그런 작은 선물이 되었으면 하는 바람으로 시작하겠습니다.

01

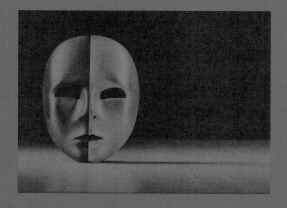

스트레스의 두 얼굴

    스트레스는 과연 나쁘기만 한 것인가? 스트레스가 인체에 유해하다는 건 더 이상의 설명이 필요 없을 정도로 모두가 잘 알고 있습니다. 그런데 다양한 선행 연구 보고에 따르면 스트레스는 인간에게 없어서는 안 되는 심리적 특질이기도 합니다. 그런 사례는 제 개인뿐만 아니라 다양한 과학적 사실들이 있습니다. 개인적으로 독자들이 이번 장을 통해 스트레스의 또 다른 얼굴에 대해 관점 변화가 일어났으면 하는 바람을 가져 보며 이번 장을 시작하겠습니다.

1-1

스트레스는 어떻게 우리에게 왔는가?

    스트레스에 대한 오해는 스트레스 연구의 아버지라 불리고 있는 한스 셀리에(Hans Selye, 1936)에 의해 불거졌습니다. 셀리에는 의사로서 쥐들을 대상으로 호르몬 계통 동물 실험을 하고 있었습니다. 셀리에의 동물 실험 중 이상한 건 셀리에가 실험했던 쥐들이 모두 유사한 증세를 보이며 죽는 것이었습니다. 각각의 실험 조건을 달리해도 비슷한 증상을 보이며 죽었습니다. 예를 들어 지나치게 뜨겁거나, 춥거나, 극심한 운동을 시킨다든가, 쥐들의 천적에 해당할 만한 동물에게 무방비로 노출한다든가 하는 조건에서 실험했는데 소화기 궤양, 면역 체계 파괴 같은 모두 동일한 증상으로 죽었습니다. 여기서 셀리에는 본인이 설정해 놓은 가혹한 조건이 병의 근원이 되어 쥐들이 죽었다고 판단합니다. 그리고 쥐들의 병의 근원을 스트레스로 명명하였습니다. 그러면서 외부적 압력에 의해 발생하는 스트레스가 쥐와 인간에게 모든 질병의 원인이 될 수 있다고 지나친 확대 해석을 감행합니다. 여기서부터 스트레스는 인간에게 악의 축이라는 오해를 받게 됩니다. 인간에게 행해지는 외부적 압력이 스트레스이고 그 스트레스가 만병의 근원이라는 잘못된 인식이 퍼지게 된 것입니다.

하지만 수십 년이 흐른 후 셀리에는 본인이 정의 내린 스트레스에 대한 오류를 인정합니다. 그러면서 스트레스의 다양한 측면과 인간에게 이로운 스트레스가 있을 수도 있다는 근거를 제시하기도 합니다. 그러나 스트레스에 대한 오해를 풀기에는 스트레스는 이미 사람들의 머릿속에 각인이 되어 버렸습니다.

1-2

쥐들의 스트레스 vs 사람의 스트레스

실험실에서 실험용 쥐들이 받는 스트레스와 사람이 느끼는 스트레스는 어떤 차이가 있을까요? 실험실에서는 정말 가혹할 정도로 쥐들에게 스트레스를 줍니다. 예를 들면 좁은 우리 안에서 큰 쥐가 작은 쥐들을 공격하는 스트레스, 물에 빠져 죽기 직전까지 주는 공포 스트레스, 계속 움직이지 않으면 전기 충격을 주는 스트레스 등이 실험실에서 이루어지는 스트레스 조건입니다. 이런 스트레스를 받는 사람이 얼마나 될까요? 스트레스가 인간에게 공포로 전해지는 과정은 이런 동물 실험과 비교해서 전해집니다. 물론 끊이지 않는 아동 학대, 전쟁, 가정 폭력과 같은 스트레스는 동물 실험과 비슷한 환경이라고 할 수 있습니다. 하지만 우리가 일반적으로 '아! 스트레스 받네' 하는 상황은 그렇지는 않습니다. 우리가 알고 있는 스트레스의 병폐는 실험실 쥐들의 스트레스 환경과 우리가 일반적으로 얘기하는 스트레스를 같은 맥락으로 접근시켰기 때문에 생겼습니다. 동물 실험과 같은 상황에서 나온 스트레스를 우리의 흔한 일상에서 나오는 스트레스로 연결하여 스트레스를 이해한 것이 스트레스에 대한 오해가 깊어진 것입니다.

1-3

퇴직자의 우울증은 어떻게 설명할 것인가?

요즘 같은 무한 경쟁 시대에 직장 생활은 그야말로 스트레스의 온상지라고 할 수 있습니다. 그런데 그런 스트레스에서 벗어난 퇴직자들에게 우울증 발병률이 높은 이유는 어떻게 설명할 수 있을까요? 우리 대부분은 이런 말을 쉽게 하지 않나요? '이 지긋지긋한 직장 생활 그만하고 어디론가 떠나고 싶다' 이런 말 입 밖으로든 속으로든 한 번씩은 다 해본 경험이 있을 겁니다. 그렇게 떠나고 싶은 직장이었는데 떠난 퇴직자들에게 스트레스로 인한 우울증이 급증하는 이유는 그들이 느꼈던 스트레스는 스트레스가 아니라 삶의 활력소이었기 때문일 것입니다. 스트레스는 스트레스라고 잘못 이름 지어진 우리를 살아 숨 쉬게 하는 활력소이기도 한 것입니다.

인간에게는 기본 심리 욕구라는 것이 있습니다. 신체적 활동을 위한 3대 영양소는 많이 들어 보셨을 겁니다. 흔히 탄수화물, 지방, 단백질을 3대 영양소라고 하는데 우리의 마음을 위한 3대 감정 영양소가 있습니다. 이 3대 감정 영양소가 없으면 우리의 영혼이 힘들어 한다고 해서 심리학자들은 이것을 기본 심리 욕구라고 합니다. 우리 몸을 위한 3대 영양소가 있으면 우리의 정신 건강을 위한 3대 영양소가 기본 심리 욕구입니다. 즉, 기본 심리 욕구는 건강한 인간으로 존재하기 위해선 반드시 필요한 기본 심리 상태를 의미합니다.

그 중 첫 번째는 자율성입니다. 어떤 상황에서 스스로 선택하고 결정할 수 있을 때 충족되는 기본 심리 욕구입니다. 두 번째는 관계성입니다. 관계성은 인간에게는 누군가와 좋은 관계를 맺고 살아가고자 하는 욕구가 있고 그 관계성이 인간에게는 반드시 필요한 심리 상태이기 때문에 두 번째 기본 심리 욕구에 해당됩니다. 마지막으로 유능감입니다. 유능감은 자아가 뭔가를 잘하고 있다거나 잘할 수 있다는 의식이 있을 때 생기는 감정입니다. 그런데 문제는 이 유능감은 적당히 스트레스를 이겨내고 이루어낸 과업이라야 유능감이 생긴다는 것입니다. 예를 들면 고등학교 축구선수들이 중학교 축구팀을 이겼다고 유능감이 생기지는 않습니다. 그러나 고등학교 축구팀이 대학교 팀을 이겼을 때 엄청난 유능감이 생길 것입니다. 이처럼 인간의 영혼에 없어서는 안 될 중요한 영양소인 유능감은 스트레스를 이겨낸 후 얻을 수 있습니다. 이처럼 우리에게 유능감은 꼭 필요한 영양소이고 그것은 반드시 적절한 스트레스가 동반되어야 만들어집니다.

하지만 직장 생활 속에서 치열하게 경쟁하고 갖은 스트레스를 다 이겨내면서 얻은 유능감은 은퇴 후에는 쉽게 얻을 수가 없습니다. 은퇴 후의 우울증은 적정 수준의 스트레스가 없기 때문입니다. 스트레스는 우리의 유능감을 일으킬 수도 있으며, 우리의 영혼을 살리게 하는 활력소가 될 수도 있습니다.

다른 예를 들어 보겠습니다. 암벽 등반으로 높은 산 위를 올라가면 무슨 생각이 먼저 드나요? 생각만 해도 아찔하다는 생각이 듭니다. 특히 고소 공포증이 있는 사람에게는 암벽 등반이 더할 나위 없는 스트레스입니다. 그런데 이런 암벽 등반이 우울증 치료에 탁월한 효과가 있습니다. 우울증 환자들에게 약물 치료 없이 8주 동안 주 3회 암벽 등반을 실시한 결과 증상이 눈에 띄게 나아졌습니다. 암벽 등반은 올라가다가 아차 하는 순간에 대형 사고로 이어집니다. 올라가는 내내 긴장을 놓을 수가 없는 레포츠입니다. 그런 긴장을 유지하고 올라가서 이후 느끼는 성취감이 우울증을 완화한 것입니다.

은퇴 이전의 다양한 스트레스는 우리의 정신 건강을 지탱해 주는 자양분입니다. 그리고 은퇴 이후의 삶 속에서 긴장감과 적절한 스트레스는 시간을 내서라도 찾아서 즐겨야 하는 필수적인 요소입니다.

1-4

기부 모금 행사에 왜 아이스 버킷 챌린지 (ice bucket challenge)인가?

몇 해 전 '아이스 버킷 챌린지(ice bucket challenge)'라는 기 부 운동 캠페인이 한참 많은 관심을 받았습니다. 그런데 여러분 가만히 한번 생각해 보세요. 좋은 일에 그냥 동참하면 되지 왜 하필 차가운 얼음을 뒤집어쓰고 동참을 하는지 저는 의구심이 들었습니다. 여기에는 선택적 스트레스를 활용한 기부의 적극 동참이라는 원리가 들어 있습니다.

한 가지 실험을 소개하겠습니다. 자선 기부를 하려는 의향이 있는 사람들을 무작위로 두 집단으로 나눕니다. 한 그룹에는 8km 달리기를 시킵니다. 나머지 그룹에는 가든 파티를 하게 합니다. 이 두 그룹 중 어느 그룹이 더 높은 자선 기부액 의사를 나타냈을까요? 달리기를 한 그룹에서 더 적극적인 자선 의향을 확인할 수 있었습니다. 그러고 보니 마라톤 대회 같은 선택적 스트레스를 활용한 자선 기부 모금 행사가 많았던 것 같습니다.

개인의 고난과 재난은 사회적 교류를 더 강하게 촉진합니다. 다양한 실험 연구에 의하면 과거에 역경과 고난을 더 많이 경험한 사람들이 타인을 돕고자 하는 연민의 감정을 더 강하게 가진다고 합니다. 연민은 나와 타인의 관계감입니다. 앞서 설명한 우리의 영혼을 살게 하는 3가지 요소 중 하나인 관계성을 우리는 고난과 시련 이후에 더 강하게 가집니다.

차가운 얼음을 뒤집어쓰는 경험과 고난과 재난을 겪는 경험이 연민의 감정을 복돋는다는 말이 의아스럽습니까? 그 비밀은 옥시토신이라는 우리 몸속 호르몬에 있습니다. 옥시토신이라는 호르몬은 산모들이 산고의 고통을 겪을 때 나오는 호르몬입니다.

산고의 고통보다 더 힘든 고통이 또 있을까요? 그런 힘든 고통을 받을 때 우리 몸속에서는 옥시토신이 나옵니다. 그 옥시토신이 우리를 살게 합니다. 스트레스가 옥시토신 분비량을 증가시킵니다. 스트레스로 인한 옥시토신 증가는 사회적 유대감을 더 강하게 느끼게 합니다. 좀 더 정확히 얘기하면 스트레스에서 기인한 옥시토신은 사회적 유대감을 더 느끼도록 만듭니다.

여성들을 대상으로 한 스트레스 실험 연구에서 여성들은 스트레스를 받으면 투쟁-도피 반응 외에 또 다른 하나인 배려-친교 반응을 보입니다. 여성들은 스트레스를 받기 시작하면 누군가에 다가가 사회적 유대감을 느끼고 싶어 하는데 바로 이것이 스트레스의 배려-친교 반응입니다. 이 반응은 특히 여성들에게 많이 나타납니다. 스트레스를 받는다고 타인과 엄청난 대화를 쏟아 낸 후 '이제 좀 스트레스가 풀리네' 하는 여성들을 쉽게 볼 수 있었던 건 바로 스트레스의 이런 역할 때문입니다. 스트레스가 사회적 유대감 욕구를 일으키고 그것에 대한 간접 해소 방안으로 엄청난 대화가 생겨나는 것입니다. 이런 원리로 스트레스는 우리의 영혼을 지켜 주는 또 다른 영양소인 관계성을 채워 줍니다.

반대로 사회적 유대감을 가지게 되어도 옥시토신이 분비됩니다. 타인과의 신체적 접촉은 옥시토신을 분비하게 하고 분비된 옥시토신은 스트레스를 긍정적으로 인식하게 합니다. 스트레스는 옥시토신, 사회적 유대감과 상호 작용해서 우리 뇌에 천연 진통제를 분비해 앞으로 있을 스트레스에 대한 강한 방어 기제 역할을 합니다.

여러분이 하는 운동은 엄청난 스트레스입니다!

멀쩡히 그리고 가만히 있는 몸에 무거운 아령과 역기로 자극을 주는 것을 우리 몸은 굉장한 스트레스로 받아들입니다. 하지만 아이러니하게도 우리 몸은 스트레스를 받아야 성장할 수 있고 더욱 강해집니다. 몸짱이 되기 위해서는 연하디연한 우리 근육에 고의로 상처를 내고 이후에 상처가 아물 때까지 기다려야 합니다. 그러면 상처가 아물면서 더욱 큰 근육으로 성장하게 됩니다.

전 세계적으로 울트라 마라톤 대회가 상당한 관심을 모으고 있습니다. 울트라 마라톤은 일반 마라톤인 42km 남짓을 달리는 것이 아니고 두 배가 넘는 100km 이상을 달리는 마라톤을 통틀어 말합니다. 울트라 마라톤에 도전하는 사람들은 도대체 왜 그런 고통을 자신에게 가하는 걸까요? 그건 바로 극한의 스트레스 이후에는 달콤한 그 무언가가 기다리고 있기 때문입니다.

달콤한 그 무언가는 바로 이리신(Irisin)이라는 천연 뇌 친화적 물질입니다. 비교적 최근에 알려진 이리신은 고강도의 운동 후에나 분비되는 호르몬입니다. 저강도 내지는 중강도의 운동에서는 잘 분비되지 않습니다. 그야말로 우리 몸에 극한의 고통과 스트레스를 가해야지만 분비됩니다. 이리신은 특히 치매, 알츠하이머병을 예방할 수 있는 물질로도 알려져 있습니다. 이리신은 기억과 사고에 영향을 미치는 뇌의 해마 세포 성장과 발달에 영향을 미쳐 뇌 건강에 이롭게 작용합니다. 치매나 알츠하이머병 환자와 정상인과의 뇌 속 물질 비교에서 가장 차이가 많이 나는 부분이 바로 이리신이라는 호르몬 수준입니다. 이 좋은 물질인 이리신은 안타깝게도 극한의 고통을 이겨내거나 맛본 사람만이 소유할 수 있는 전유물입니다.

자기 인체에 극한적 고통과 스트레스를 가하는 자기학대(?)를 직업으로 하는 사람들이 있습니다. 군 특수 부대 소속 직업 군인들입니다. 그들은 일반 병사들과는 다르게 정말 가혹한 훈련을 받습니다. 그들은 전시의 특수한 환경에 대비해 평시에 스트레스를 경험합니다. 평시에 경험된 스트레스가 전시에 발생하는 다양한 스트레스 상황에서 유리한 영향을 미칩니다. 특수 부대 병사들을 대상으로 실험을 한 예가 있습니다. 특수 부대 병사들의 뇌를 fMRI로 촬영했더니 일반인들에 비해 뇌의 해마와 전전두엽이 상대적으로 큰 활성화를 보였습니다. 해마와 전전두엽은 우리의 기억을 담당하고 인지 능력에 큰 관여를 하는 뇌 영역입니다. 그리고 스트레스 상쇄에 매우 중요한 역할을 하는 영역입니다.

여러분이 만약에 도박판에서 큰돈을 잃었다고 상상을 해볼까요. 여러분은 큰 상실감과 스트레스를 받을 것입니다. 하지만 평소에 여러 가지 건강한 스트레스를 받는 특수 부대 병사들은 일반인들에 비해 큰돈을 잃는 스트레스 상황에서도 훨씬 더 여유롭고 덜 의기소침하는 뇌 반응을 보인다고 합니다.

우리가 특수 부대처럼 훈련을 받을 수는 없습니다. 하지만 평소보다는 좀 더 자극적인 운동으로 특수 부대 훈련을 대용

할 수는 있습니다. 많이 알려진 바와 같이 적당한 강도의 운동은 뇌에 다양한 긍정적인 영향을 미칩니다. 대표적인 긍정적 영향의 예로 전전두엽과 해마의 활성화가 있습니다. 전전두엽과 해마는 앞서 설명한 대로 스트레스 감소에 중요한 역할을 합니다. 이것은 평소에 건강한 스트레스를 받은 우리의 신체는 다양한 불편함으로부터 우리를 지켜 줄 수 있다는 것을 시사합니다.

스트레스는 예방 주사다!
예방 접종을 맞아라!

우리는 때가 되면 예방 접종을 합니다. 계절 독감부터 시작해서 다양한 질병에 대비한 예방 접종을 합니다. 하지만 우리에게 여러모로 안 좋은 영향을 미치는 스트레스라는 것에 대해서는 예방 접종 백신이 없었습니다. 더 정확히 얘기하면 백신은 있으나 우리는 그 백신을 사용하지 않으려 했습니다.

스트레스를 예방하는 백신은 스트레스 안에 있습니다.

제 얘기를 하나 해보겠습니다. 달리기를 취미로 갖고 있는 저는 평소 일주일에 3번 정도는 10km 정도를 달립니다. 일주일이면 30km 정도를 달립니다. 하지만 그 정도 운동량도 오래되다 보니 별로 운동 효과를 못 보는 것 같은 기분이 들었습니다. 그래서 몇 해 전에 마라톤 대회를 나가 보기로 했습니다. 우선 평소 하던 대로 10km 대회를 참가했습니다. 하지만 그 거리도 대회라는 프레임이 씌어져서 그런지 스트레스로 다가왔습니다. 출발하기 전부터 긴장되고 '괜히 나왔나'라는 후회가 들더군요. 아마 우리가 알고 있는 스트레스라는 감정이 딱 그날 감정이었습니다.

하지만 막상 스타트를 하고 나니 스트레스는 조금씩 사라지고, 평소 차들로 꽉 차 있는 8차선 도로를 불특정 다수의 사람들과 함께 뛰니 묘한 정복감 같은 기분이 들었습니다. 그렇게 1시간가량 뛰고 나서 결승점에 들어올 수 있었습니다. 비록 10km 마라톤이지만 생애 첫 마라톤 완주였습니다. 완주하고 나서 제일 처음 드는 기분은 세상에 그 어떤 스트레스가 와도 다 이겨낼 수 있을 것 같다는 것이었습니다. 알 수도 없고 근거도 없는 저만의 자신감이었지만 별것도 아닌 것에 자신감만큼은 충만해지는 느낌을 받았습니다.

그런데 더 충격적인 감정은 10km 마라톤을 뛸 때보다 조금 더한 스트레스를 받고 싶다는 것이었습니다. 더 긴 거리를 뛰어 보고 싶은 생각이 들었습니다. 10km 출발선에서 느꼈던 그 감정은 어디론가 사라지고 더 강한 자극을 느껴 보고 싶어 다음 마라톤 대회가 어디서 언제 열리는지 대회 정보를 찾기 시작했습니다.

그래서 이번에는 20km(하프마라톤)에 도전하기로 마음먹고 대회 접수를 하였습니다. 하지만 50살이 다 되어서 하프마라톤에 도전한다고 가족을 비롯해서 주위 사람들한테 자랑 아닌 자랑을 했던 것이 큰 실수였습니다. 대회가 하루하루 다가오자 초조해지고 불안해지는 마음이 다시 일기 시작했습니다. 주위 사람들한테 대회에 나간다고 소문만 내지 않았다면 조용히 포기하고 싶은 심정이었습니다. 아마 인생에서 가장 후회스러운 기간이 하프마라톤을 접수하고 대회 당일을 기다리는 기간이었을 겁니다. '아프지도 않은데 아프다 하고 포기할까'라는 생각을 수도 없이 했습니다.

우여곡절 끝에 무거운 맘을 안고 대회를 치르는데 예상대로 10km까지는 무리 없이 달릴 수 있었습니다. 그런데 문제는 10km를 넘어서면서부터 생기기 시작했습니다. 무릎에 이상이 오기 시작했습니다. 걷기도 힘들 정도로 통증이 심해졌습니다. 중도에 포기했어야 맞는 상황이었습니다. 포기하고 싶은 마음이 굴뚝같았습니다. 하지만 두 아들에게 꼭 완주하고 오겠다는 약속, 주위 사람들에게 큰소리친 생각이 머리를 스치니 부끄러워서 포기할 수가 없었습니다. 그렇게 걷지만 말고 완주만 하자라는 생각으로 달리는 도중 이상한 경험을 했습니다. 15km 정도를 지나니 아프던 무릎이 안 아픈 걸 넘어서서 속도도 빨라지면서 옆 참가자들을 추월하기까지 하였습니다.

이런 상황이 소위 러너스 하이(runner′s-high)였습니다. 오래달리기를 통한 신체적, 심리적 고양 상태에서 느끼게 되는 쾌감을 제가 느끼고 있었던 것입니다. 10km 대회에서는 느끼지 못했던 기분을 20km 대회에서는 맛볼 수가 있었습니다. 출처가 어디 있는지는 모르겠지만 'No pain no gain' 이라는 말을 저는 이 일을 계기로 다시 한번 되새기게 되었습니다.

개인적으로 뒤돌아보면 중년을 바라보는 나이에 이날의 기억이 저에게는 훌륭한 예방 접종이 되었습니다. 사실 그날 이후 어지간한 스트레스는 스트레스로 인식이 되지도 않고 실상 힘겨운 일이 다가와도 '이 상황은 곧 나에게 좋은 상황으로 전개될 것 같다'라는 인식이 저의 힘든 일에 대한 반응 공식으로 자리 잡았습니다. 지금 힘들게 이 책을 집필하는 과정이 마치 그날의 15km 지점을 통과하는 지점처럼 느껴집니다. 저는 힘들 때면 '지금이 그 마의 15km 지점이다'라고 주문처럼 외웁니다. 그러면 힘든 마음이 곧 웃는 마음으로 바뀝니다. 곧 쾌감이 온다는 것을 저는 아니까요!

하지만 스트레스 예방 차원에서 활용되는 스트레스 예방 접종을 활용할 때는 주의해야 할 점이 있습니다. 적절한 처방이 있어야 한다는 것입니다. 예를 들어 독감 주사의 경우 아이가 맞는 예방 접종과 성인이 맞는 예방 접종에는 종류별 차이가 있는 것처럼 스트레스 예방 접종도 각자의 신체적, 심리적 체력에 맞추어 맞아야 합니다.

스포츠심리학에는 적정 각성 수준 이론이 있습니다. 개인마다 최고의 수행을 할 수 있는 적정 수준의 긴장도가 있으며, 긴장도가 너무 낮아도 수행력이 떨어지고 긴장도가 너무 높아도 수행력이 떨어진다는 내용의 이론입니다. 그 적정 수준과 수행 능력의 관계를 그래프로 나타냈을 때 역U 모양을 띤다고 해서 역U 이론이라고도 합니다.

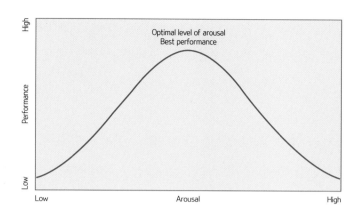

[그림 1] 적정 각성 수준

긴장과 스트레스는 비슷한 맥락으로 해석될 수 있습니다. 그래서 개인에게 적정한 수준의 스트레스 예방 접종 강도를 찾아 취하는 것이 매우 중요합니다. 저는 주변 지인으로부터 마라톤 풀코스(42.195km)도 나가 보라고 권유를 받아 본 적이 있습니다. 잠시 고민은 해봤습니다. 하지만 풀코스는 더 많은 준비가 필요하고 저의 적정 각성 수준을 넘는다는 판단에 하프 마라톤으로 저의 예방 접종 수준을 정하였습니다. 저에게 있어서 10km로는 너무 긴장도가 떨어지고 풀코스는 너무 긴장도가 높고 20km 하프 마라톤이 적정 수준입니다.

만약에 주변의 권유로 마라톤 풀코스를 준비하고 도전한다면 풀코스는 스트레스 예방 접종이 아니라 스트레스 그 자체로 저에게 작용될 것입니다. 여러분들도 스트레스 예방 접종을 할 때는 본인에게 맞는 수준으로 선택하는 것이 매우 중요합니다.

이처럼 좋은 스트레스를 스트레스 예방 차원에서 평소에 잘 활용하면 피해 갈 수 없는 스트레스를 상대적으로 잘 피해 갈 수 있습니다.

적절한 수준으로 스트레스를 예방 접종으로 잘 활용하면 우리의 뇌도 변화시킬 수 있습니다. 다시 말해 스트레스를 대하는 우리의 뇌를 변화시킬 수 있습니다. 자극에 의한 뇌 변화를 뇌 신경가소성(neuroplasticity)이라고 합니다. 뇌가 성형적인 특성이 있음을 의미합니다. 새로운 환경, 특이한 자극에 우리 뇌가 적응을 하면서 순응적으로 변해 갑니다. 힘들어서 포기하고 싶은 심정을 조금만 참고 견디면 달콤한 러너스 하이 같은 쾌감이 곧 온다는 것을 뇌가 알고 상황에 맞게 변하게 됩니다. 스트레스라는 예방 접종을 통해 스트레스를 대하는 태도의 변화를 가져온 것입니다.

뇌 가소성에 관해 흔히 알려진 예로 영국의 택시 기사 뇌와 관련한 보고가 있습니다. 영국의 도로는 매우 복잡하게 얽

혀져 있습니다. 이런 도로에서 택시 운전을 하는 것은 보통 어려운 일이 아닙니다. 그들의 뇌를 스캔해 본 결과 일반인들에 비해 공간 인지를 담당하는 뇌 영역이 매우 발달하고 활성화되는 것을 확인할 수 있었습니다. 영국의 택시 기사와 한 경로만 다니는 버스 기사와의 뇌는 전혀 다른 활성화를 나타내고 있었습니다.

운동을 하면 특정 근육이 발달하듯이 뇌도 자극에 의해 충분히 변화할 수 있습니다. 과거에는 청소년기만 지나면 뇌가 성장을 멈춘다고 알려졌습니다. 그러나 뇌는 충분히 성형적 기질이 있습니다.

스트레스를 활용해 그 스트레스를 이겨내면 스트레스에 대한 해결 경로가 뇌에 생기는 것도 같은 맥락으로 이해할 수 있습니다. 하지만 스트레스를 피하기만 해서는 스트레스 해결에 관한 연결 고리가 약해져(weaken) 결국 스트레스에 종속되기가 쉽습니다.

뇌 발달을 돕는 영국의 복잡한 도로보다 더 복잡한 분야가 있습니다. 우리가 학창 시절 그토록 미워하면서도 필요로 했던 수학입니다. 수학하면 벌써 스트레스를 받을 독자들이 많을 것입니다. 그런데 수학 문제 풀기가 스트레스를 이겨내는데 결정적 역할을 하는 해마라고 하는 뇌의 부분을 특히 발달시킨다는 보고가 있습니다.

해마는 우리의 기억과 관련해서 중요한 역할을 하는 뇌의 일부로 스트레스를 치유하는 데 결정적 역할을 합니다. 끔찍한 사고를 당하거나 전쟁에 참여한 이후에 외상 후 스트레스 장애(PTSD)로 힘겹게 하루를 보내는 분들이 계시는 반면에 어떤 사람들은 그 역경을 견뎌내고 더 성장하는 사람들도 있습니다. 그분들의 결정적 차이는 바로 이 해마 크기에 있습니다.

실제로 수학 능력 발달과 뇌 활동 변화 패턴을 보고한 연구에 의하면 수학 연산 과정이 해마에 많은 자극을 주어 해마 영역 활성화가 높다고 합니다(조수현, 2013). 그래서일까요? 요즘 수학 문제를 풀면서 스트레스를 푼다는 연예인도 있고 수학 문제 풀기를 취미로 한다는 사람도 많다고 합니다. 물론 무작정 따라 하기보다는 위에서 언급한 것처럼 적정 각성 수준을 유지하며 수학 문제 풀기에 도전하여야 또 다른 스트레스를 양산하지 않을 것입니다.

자신에게 적정하면서도 적절한 하드코어적인 스트레스는

다양하게 있습니다. 달리기, 어려운 수학 문제 풀기 외에도 다양한 형태의 의미 있는 스트레스를 찾아 평소에 스트레스에 대한 내성을 키워 놓으면 결정적인 순간에 다가온 스트레스를 현명하게 극복할 수 있습니다.

1-7

스트레스를 피한 자들의 최후!

저도 스트레스가 우리 인체에 다양한 형태로 부정적인 영향을 미친다는 생각에는 이견이 없습니다. 하지만 평생을 두고 우리를 괴롭힐 스트레스를 무조건 피하기만 해서는 우리의 삶을 행복하게 할 수 없다는 것도 제 생각입니다.

스트레스 전문가들에 따르면 스트레스원을 피하기만 하는 것을 일종의 행동 이상으로 규정하고 달달하고 편안함만을 추구하는 스트레스 대응 방식에 큰 문제가 있다고 말합니다.

다양한 연구에 따르면 실제로 스트레스 회피를 많이 하는 사람일수록 정신 장애가 생길 확률이 높아진다고 합니다. 여기서 정신 장애는 편집증, 강박 장애, 불안 장애, 우울증 등을 말합니다. 다가온 스트레스를 회피만 해서는 결국 나 자신에게 더 큰 해를 가져다줍니다.

평생을 동반자처럼 같이 가야 하는 스트레스를 피하기만 하면 우선 정서 조절 능력에 문제가 발생합니다. 본인이 원하는 감정만 유지하려고 하니 본인이 원하지 않는 정서와 감정이 다가올 때 그 정서와 감정을 요리하는 데 매우 취약한 상태가 됩니다. 그래서 우리는 좋지 않은 정서도 있는 그대로 받아들이고, 받아들인 이후 조절해 나가는 것이 순서입니다. 무조건 피하기만 해서는 결국 스트레스와 같은 부정적 감정에 종속되고 더 큰 문제를 불러일으킵니다.

정서 조절 능력은 우리가 사회의 구성원으로 살아가는 데 매우 중요한 심리적 능력입니다. 잦은 회피를 통해 형성된 정서 조절의 실패는 결국 부정적 정서 축적으로 이어지고 이것은 사회적 고립으로 연결되어 개인을 파멸로 이어질 수 있게 합니다. 최근 젊은층들이 마약에 쉽게 빠진다는 신문 기사가 많이 나오고 있는데 이것도 결국 스트레스와 같은 부정 정서를 회피하려고만 하는 성향이 크게 영향을 미쳤다고 합니다.

우리가 흔히 하는 말 중에 고기도 먹어본 사람이 먹을 줄 안다고 했습니다. 스트레스와 같은 부정적인 정서도 겪어 보고 이겨내 봐야 다양한 정서에 대한 조절 능력이 생깁니다. 그래서 스트레스와 같은 다양한 형태의 정서를 의도적으로라도 내게 가져와 극복하는 연습을 평상시에 해봐야 합니다. 최소한 생활 속에서 우리에게 오는 스트레스를 무조건 피하기만 해서는 안 될 것입니다.

스트레스는 특히 우울감과 깊은 관련이 있습니다. 그래서 학계에서는 스트레스와 우울감 사이에 다양한 역학 관계를 연구한 보고가 있습니다. 그중에서도 '수용과 회피라는 상황이 어떤 중재 역할을 하는가?'에 대한 내용이 있습니다. 스트레스를 있는 그대로 받아들여 수용해서 극복하고 대처하는 경우와 스트레스를 제공하는 스트레스원을 피하기만 한 경우 어떤 차이를 보이는가에 대한 보고가 있습니다.

최근 대학생들을 대상으로 한 사회과학 연구에서는 대학생들의 생활 스트레스를 피하기만 하려는 성향인 경험 회피 성향이 우울증을 설명하는 데 매우 강력한 설명력이 있다고 합니다. 보통은 15%만 넘으면 설명력이 충분히 있다고 하는데, 경험 회피는 우울증을 무려 58%나 설명하고 있다고 합니다(추상엽, 임성문, 2010). 이는 스트레스가 우울증과 매우 관련이 깊다는 것을 의미합니다. 피하기만 하는 스트레스가 정서 조절 문제에 우울증까지 유발할 수 있다고 하니 다시 바라봐야 할 스트레스임에 틀림없습니다.

'사람은 무엇으로 사는가'에 대한 질문에 여러분은 무엇이라고 대답하시겠습니까? 저는 개인적으로 자존감으로 산다고 말하고 싶습니다. 자존감은 인간이 살아가는 데 있어 그 어떤 양식보다 더 중요한 양식입니다. 그런데 그런 자존감에 큰 영향을 미치는 것이 바로 스트레스에 대한 대처입니다. 좀 더 자세히 말하면 스트레스를 피하기만 하는 스탠스가 자존감에 매우 안 좋은 영향을 미칩니다.

스트레스 영역의 아버지라고 불리는 셀리에(Selye)도 스트레스에 대한 대처 방식이 스트레스에 대한 적응에 많은 차이를 보인다고 했습니다. 셀리에는 특히 스트레스를 회피하게 되면 자아 존중감 저하로 이어져 개인의 자아 존립 자체가 흔들릴 수 있다고 합니다.

스트레스의 대가(大家)가 회피라는 스트레스 대처 방식은 매우 비효율적인 대처 방식이어서 다양한 심리적 어려움을 불러일으킨다고 주장합니다. 이러한 주장을 통해 우리는 스트레스에 대한 새로운 접근 방법을 고려해 보아야 할 것입니다.

이러한 견해는 국내 연구진들도 다양한 연구를 통해 같은 맥락으로 이야기하고 있습니다. 서울 소재 4년제 대학생들을 대상으로 한 강민철, 이아라, 신미라(2011)의 연구에서도 개인의 스트레스와 자존감 그리고 대처 방식이 깊은 관련이 있다고 주장합니다. 특히 스트레스에 대해서 회피 전략을 가지는 대상들이 자아 존중감에 더 부정적인 영향을 받는 것을 알 수 있습니다. 결국 이들의 연구를 통해서도 스트레스라는 자극에 좀 더 적극적인 대처 방식이 필요함을 알 수 있습니다. 자기 주장 잘할 것 같은 MZ세대 대학생들도 스트레스에 대한 회피로는 그들의 자존감을 지킬 수 없습니다.

최근 교사의 극단적인 선택으로 사회를 요동치게 한 적이 있었습니다. 지금 우리의 사회가 몬스터적인 학부모 아래서 내 아이 지상 제일주의가 판을 치며 사회적 약자로 전락한 교권이 보호받지 못하는 현실이 되어버렸습니다. 교권의 심리적 스트레스가 매우 심각하여 예전에는 학생들이 그림자도 밟지 못했던 선생님의 심리적 소진이 우려스럽습니다. 여기서 제가 말하고 싶은 부분은 심리적 스트레스에 대한 회피 전략이 더 큰 악영향을 미친다는 것입니다. 30대 초등학교 남녀 교사 176명을 대상으로 한 연구 보고를 통해서도 스트레스에 맞서거나 극복 의지가 높을수록 심리적 소진이 낮아지고 스트레스를 회피하려는 자세는 심리적 소진이 높아지는 것으로 나타났습니다(김보람, 박영숙, 2012).

스트레스 회피에 대한 대가는 대학생, 교사, 직장인뿐만 아니라 인생이라는 큰 궤적에 마지막 궤적을 달리고 있는 노년기 세대도 피해 갈 수 없는 것 같습니다. 보통 우리는 노년 세대를 일컬어 산전수전 다 겪은 지혜의 세대라고 합니다. 그런 노년 세대도 스트레스에 대한 회피로 심리적 안녕감에 영향을 받을 수 있습니다. 노년 세대의 스트레스 회피는 그동안 당신들의 삶을 송두리째 흔들기도 하며 지금까지 그들이 가지고 살아왔던 삶의 균형을 저해할 수 있습니다. 노년 세대는 그 이전 세대에게 양보하고 내재하고 있는 스트레스는 수동적으로 회피해야 한다는 문화가 암묵적으로 자리잡은 우리 문화에서 스트레스 회피는 고령화 인구가 더 늘어만 가는 현재에 많은 시사점을 던집니다(이경숙, 김병석, 2013).

인간의 뇌가 가장 힘들어하는 것 중 하나가 지겨운 상황을 바라보는 것이고 더 힘들어하는 것은 지겨운 상황에서 집중하는 것입니다. 심리학자들은 그것을 지속적 집중력이라고 합니다. 지루한 상황에서 지속적 집중력을 유지하는 것은 매우 어렵습니다. 지루할 때는 우리의 각성 수준이 바닥으로 떨어집니다. 각성 수준이 떨어진다는 것은 도파민, 아드레날린 호르몬 수준이 바닥을 친다는 것입니다. 이와 같은 호르몬은 우리 인체의 운동 능력을 높여 줄 뿐만 아니라 치매, 알츠하이머 예방에도 긍정적 효과가 있습니다.

연세가 많으신 어르신들이 치매나 알츠하이머에 상대적으로 쉽게 노출되는 것도 결국 이런 호르몬 수준의 영향이 큽니다. 세월이 갈수록 놀랄 일이 없어지고 지루한 일상만 남게 되기 때문에 도파민, 아드레날린이 분비될 빈도가 점점 줄어듭니다. 우리는 스트레스를 통해 놀랄 일을 느끼고 놀랄 일을 통해 호르몬 분비를 촉진시킬 수 있습니다. 그래서 각자가 감당할 만한 놀랄 일을 만들어야 합니다. 놀랄 일을 회피한 자들의 최후는 수백km가 직선으로만 된 고속도로에서의 사고 위험성이 오히려 증가하는 상황과 비슷한 상황을 연출하게 될 것입니다.

우리를 놀라게 할 수 있는 뭔가를 꾸준히 찾아야 하고 일상에서 찾아오는 스트레스를 그런 용도로 활용해야 합니다. 최소한 다가온 스트레스를 회피하지는 말아야 합니다. 스트레스를 회피하는 것은 우리 몸을 위한 천연 보약을 마다하는 것과 같습니다.

핫-아이템(hot-item)
도파민은 스트레스가 꽃피운다!

　운동 능력을 높이는 대표적인 호르몬으로 도파민이 있습니다. 도파민이 적게 분비되면 우울 장애, 알츠하이머, 파킨슨 질환에 걸릴 가능성이 높아집니다. 도파민은 뭔가를 기대하고 보상을 받게 되면 그 분비량이 많아집니다. 도파민은 쾌감 호르몬으로도 알려져 있는데 기분이 좋아지거나 유쾌해지는 건 도파민 호르몬의 영향 때문입니다. 운동을 할 때, 맛있는 음식을 먹을 때, 사랑하는 사람과 사랑할 때 나아가 불법 약물을 통해서도 도파민은 다량으로 분비됩니다.

가벼운 문제를 한 번 내보겠습니다. 올림픽 경기에서 2등을 한 선수와 3등을 한 선수가 있다고 가정해 보겠습니다. 두 선수 중 어느 선수가 도파민 분비량이 더 많았을까요? 네, 3등 선수가 더 많이 분비되었습니다. 2등을 한 선수는 조금만 더 열심히 하면 금메달을 딸 수 있었는데 하며 아쉬움의 정서를 느꼈을 겁니다. 하지만 3등을 한 선수는 이렇게 동메달이라도 딸 수 있어서 그동안의 노력에 대한 보상을 받았다는 심리에서 많은 도파민 분비가 있었다고 합니다. 물론 가정이긴 합니다만 매우 근거가 있는 가정입니다.

이처럼 도파민이라는 호르몬은 상황을 어떻게 해석하고 인지하느냐에 따라 다르게 분비됩니다. 위 올림픽 선수의 사례를 심리학에서 반사실적 사고(counter factual thinking)라고 합니다. 현재 상황, 일어난 상황, 일어날 뻔했던 상황 등을 상대적으로 비교해서 심리적 반응을 나타낸다는 것이 반사실적 사고의 개념입니다. 좀 더 확장해서 스트레스와 결부해 생각해 보면 스트레스를 잘 활용하면 더 큰 도파민 분비를 보장받을 수 있습니다. 적절한 스트레스를 잘 극복해서 성취감 뒤에 따르는 도파민이 찐도파민이고 건강한 도파민입니다.

도파민은 불법 약물을 취해도 분비된다고 했습니다.

또 힘든 운동을 하고 난 후에도 다량 분비됩니다. 이 두 가지 경우를 비교했을 때 어느 쪽 도파민이 더 건강한 도파민인지는 자명합니다. 도파민 분비량은 약물 쪽이 훨씬 많습니다. 하지만 건강한 도파민은 분명 힘든 운동 후에 나오는 도파민입니다. 저는 이 이유를 스트레스에서 찾았습니다. 각자에게 적절한 스트레스 이후에 나오는 도파민은 그 어떤 도파민과도 비교할 수 없는 양질의 도파민입니다.

우리를 움직이게 하고 건강하게 하는 도파민은 혼자서는 그 기능을 다할 수 없습니다. 반드시 스트레스라는 장애물을 넘겨야지만 도파민으로서 그 기능을 온전히 할 수 있습니다. 코티솔이라는 호르몬이 스트레스를 받을 때 나옵니다. 역설적이지만 우리가 그토록 찾아 헤매는 도파민이 도파민으로서 역할을 온전히 하기 위해서는 코티솔이 같이 움직여 줘야 합니다. 코티솔 없이 나오는 도파민은 임시적이고 일시적입니다. 그래서 스트레스 없이 얻게 되는 도파민은 부작용이 더 큰 중독이라는 이름표를 붙이고 우리를 힘들게 합니다. 도전이라는 스트레스 없는 도파민은 차라리 없는 것보다 못할 수도 있습니다.

새로운 도전을 이겨내고 찾아오는 보상을 이야기할 때면

저는 전 일본 유도 선수 다무라 료코라는 여자 유도 선수가 생각납니다. 다무라 료코는 1992년부터 2008년 올림픽까지 5번의 올림픽에 나와 금메달 2개, 은메달 2개, 동메달 1개를 획득하고 84연승이라는 신화적 기록을 가지고 있는 키 146cm, 몸무게 48kg의 자그마한 체구를 가진 선수인데 지금은 국회의원으로 활동하고 있습니다. 5번의 올림픽도 대단하지만 매번 올림픽을 나올 때마다 가졌던 그녀의 다짐이 더 저의 관심을 끌었습니다. 올림픽에 나올 때마다 그녀의 목표는 새로웠습니다. 최연소 금메달, 2회 연속 메달리스트, 결혼을 한 선수로서 메달리스트, 나중에는 아이를 낳은 아이 엄마로서 메달리스트와 같이 계속해서 목표와 도전을 달리했던 것입니다.

새로운 목표와 도전이 바로 도파민의 발원지입니다. 그냥 똑같은 목표만을 가지고는 올림픽에 5번 연속으로 출전하기가 쉽지 않았을 겁니다. 그것도 체중 관리를 비롯해서 그 어떤 종목보다 힘들다고 알려진 유도라는 종목에서 말입니다. 그냥 5회 연속으로 출전하는 것도 모자라 출전해서 그런 성적을 낸다는 것은 참 대단한 도전이었고 스트레스와 보상을 어떻게 활용해야 하는지의 단면을 너무 잘 보여 주는 사례입니다.

이와는 반대의 도파민 활용이 있습니다. 바로 우리 현대인들이 손에서 절대 놓을 수 없는, 놓으면 큰일 나는 줄 알고 있는 스마트폰을 비롯한 각종 디바이스들입니다. 엄청난 디바이스들의 공급으로 도파민을 얻기가 너무 쉬워진 세상으로 변화되었습니다. 과거와 비교했을 때 작금의 세상은 참 살기 좋은 세상이라는데 그 누구도 이견을 달지는 못할 것입니다. 그런데 왜 과거보다 더 많은 마음의 병을 앓고 살아가는 걸까요? 저는 스트레스와 같은 자극없이 도파민을 얻기가 너무 쉬워졌기 때문이라고 생각합니다. 분명히 도파민은 인간에게는 없어서는 안 될 소중한 것입니다. 하지만 스트레스 없이 얻어지는 도파민은 위험합니다. 힘든 농사일 뒤에 점심 참으로 얻어지는 도파민과 지하철에 앉아서 디바이스를 통해 얻어지는 도파민은 비교할 수 없습니다.

진화적으로 봤을 때 도파민은 우리의 생존 방식에서 진화된 호르몬입니다. 선사 시대 우리의 먼 조상들 입장에서 도파민은 생존과 위협을 이겨낸 보상의 선물입니다. 우리의 조상들은 생존을 위해 목숨을 걸고 사냥을 나갑니다. 생존을 걸고 나가는 사냥 시간에 그들은 무슨 생각을 안고 나갈까요? 죽느냐, 사느냐의 문제를 가슴에 안고 사냥터로 나갔을 겁니다. 그리고 얻은 보상이 생존을 위한 사냥감이었을 겁니다. 그래서 얻은 보상이 도파민이라는 전리품입니다. 도파민을 얻기 위해 얼마나 많은 스트레스와 위협을 느끼면서 생존을 이어 나갔는지를 생각하면 현대인들은 너무 쉽게 도파민을 얻는다고 할 수 있습니다.

운동선수나 특수 부대 대원들이 한겨울에 두꺼운 계곡 얼음을 깨고 들어가 함성을 지르며 새로운 각오를 다짐하거나 파이팅을 외칩니다. 살이 터질 것 같은 한겨울 추위도 모자라 얼음물 입욕을 한다는 것은 스트레스일까요? 도파민일까요? 아이러니하게도 그런 극한 상황에서 오히려 도파민이 더 많이 분비됩니다. 해외 저널에 따르면 찬물 입욕은 도파민 농도를 250%나 증가시키는 것으로 나타났습니다(Šrámek, Šimečková, Janský, Šavlíková & Vybíral, 2000). 도파민 뿐만이 아닙니다. 아드레날린과 같은 우리를 기분 좋게 해주는 다양한 호르몬이 다량 분비됩니다.

이처럼 스트레스와 도파민은 양날의 검이며 서로 보완적으로 작용됩니다. 잘 활용하면 우리에게 엄청난 선물이 되지만 잘못 활용하면 혹독하고 가혹한 체벌이 됩니다. 도파민 과잉 시대에 살고 있는 우리는 늘 도파민을 조심해야 합니다. 내가 과연 도파민을 얻을 자격이 있는가라는 고민을 늘 해야 합니다.

도파민을 얻을 자격이 없다고 판단되면 그에 상응하는 스트레스를 찾아 나서야 합니다. 고통과 쾌락, 스트레스와 도파민은 늘 병존해야 합니다. 이처럼 도파민은 스트레스 위에서 더 활짝 꽃피울 수 있습니다.

1-9

몰입하고 싶은가?
스트레스를 가까이하라!

누군가가 '어느 상황 혹은 어느 순간이 가장 행복한 감정이 듭니까?'라고 물으면 여러분은 뭐라고 대답하시겠습니까? 개인적으로 저는 뭔가에 몰입하고 난 후 난공불락이었던 문제가 해결의 기미가 보일 때 가장 행복한 감정이 듭니다. 몰입은 사람을 행복하게까지 합니다. 성취감을 안겨 주는 단초가 되는 몰입감은 우리를 신비의 세계로 안내합니다. '신비의 세계씩이나'라고 반문하시는 독자들도 있겠지만 몰입은 정말 신비한 세계에 있는 인간이 가지고 있는 고유의 의식 상태입니다.

몰입(flow)이 뭔가 부자연스럽다고 생각하는 독자들을 위해 무아지경(無我之境)이라는 단어를 사용해서 생각을 해보겠습니다. 뭔가에 집중해서 주위의 상황, 시선은 전혀 의식이 되지 않고 본인이 목표하고 있는 그 부분만 의식이 되는 그런 상황을 우리는 무아지경에 빠졌다고 합니다. 조금 더 몰입이라는 용어의 분위기가 느껴지십니까? 이처럼 몰입 혹은 무아지경은 우리를 신비의 세계로 안내하기에 충분합니다.

저는 몰입과 무아지경이라는 신비의 세계를 직접 겪어 봤습니다. 그러기에 몰입이 얼마나 신비한 느낌인지 너무 잘 알고 있습니다.

저는 대학에서 골프를 전공했습니다. 대학에서 골프를 전공으로 하는 대학생들은 골프 프로테스트라는 과정을 거쳐 상금이 있는 대회에 나가거나 골프를 가르치는 일을 하게 됩니다. 그런데 그 과정이 녹록하지 않습니다. 상대적 평가라 옆에 동료 누군가는 떨어지고 누군가는 붙게 되는 무한 경쟁을 하게 되는 테스트입니다.

테스트가 다가오면 온 신경이 예민해지고 연습에 집중할 수밖에 없습니다. 더군다나 한 해의 마지막 테스트를 앞둔 예비 졸업생들은 더 예민해지고 초집중을 하게 됩니다. 저도 그런 부류 중 한 명이었습니다.

한참 연습에 집중을 하던 시기에 저는 이상한 경험을 하게 됩니다. 기이한 경험을 이야기 하기에 앞서 잠깐 제가 연습을 하던 골프연습장 구조를 설명하겠습니다. 그 연습장은 아침에는 해를 맞은편 쪽에서 바라보면서 연습을 하게 되고 늦은 오후쯤에는 해가 제 등 뒤로 넘어가게 되는 구조로 되어 있습니다.

그런 곳에서 기이한 경험을 하게 됩니다. 그날 저는 분명 평소와 다름없이 비슷한 시간 흐름 속에서 연습을 하고 잠깐 쉬려고 했는데 가만히 보니 어느 새 해가 제 등 뒤로 넘어가고 있는 것이었습니다. 저는 분명 짧은 시간을 연습을 하고 잠깐 쉬려고 했는데 해가 반대편에서 일몰을 앞두고 넘어가고 있었습니다. 제가 느끼기에는 잠깐이었지만 해가 등 뒤로 넘어갔다는 것은 대략 8시간 정도가 흘렀다는 것을 의미합니다. 평소 인지하고 있던 시간적 개념이 아닌 전혀 다른 시간대 속에서 연습을 한 후의 느낌이었습니다.

나중에 알게 되었지만 이런 신비한 현상이 심리학에서 '몰입'이라는 용어로 설명되고 있었습니다. 다른 말로 무아지경이었다는 표현이 그날의 상황이었습니다. 그날 왜 그런 신비한 체험을 제가 하게 되었는지 스트레스에 관한 다양한 자료를 수집하던 중에 확실히 알게 되었습니다. 바로 프로테스트에 꼭 통과해야 한다는 스트레스가 저를 신비한 시간 경험으로 이끈 것이었습니다. 실제로 저는 그 당시 프로테스트라는 엄청난 중압감에서 많은 스트레스를 받고 있었습니다.

인생의 참가치를 알게 해주는 몰입이 왜 스트레스와 동반될까요? 몰입으로 우리에게 널리 알려진 칙센트미하이 교수는 이렇게 말합니다. 몰입에 이르는 길에는 몇 가지 전제 조건이 있는데 그중 첫 번째로 나오는 전제가 힘든 환경이라고 합니다. 칙센트 미하이 교수가 말한 힘든 환경은 해결 과제의 수준이 매우 높아 본인의 역량을 최대한 발휘해야만 하는 환경을 의미합니다. 우리가 일상적으로 스트레스 받는 상황이 이에 해당합니다.

크나큰 성취감과 희열감을 우리에게 선사하는 몰입은 스트레스가 있어야만 존재하는 개념입니다. 다시 말해 스트레스가 없으면 몰입은 있을 수가 없습니다. 스트레스가 없으면 우리는 그 상황을 지루함, 편안함, 무관심이라는 정서로 그 상황을 바라봅니다. 몰입과 스트레스를 이야기할 때 빼놓을 수 없는 노르아드레날린이라는 뇌 신경 전달 물질이 있습니다. 몰입으로 안내하는 호르몬이 노르아드레날린입니다. 지루함, 편안함, 무관심으로는 노르아드레날린을 절대 불러올 수가 없습니다.

심리학 용어 중에 '노르아드레날린 효과'가 있습니다. 혈압 증가, 감각 예민, 집중력 상승, 근육과 뼈의 혈류 증가 등이 이루어져 초인적인 힘이 나타날 때를 노르아드레날린 효과라고 말합니다. 트럭에 깔린 아버지를 구하기 위해 트럭을 들어 올린 10대 소녀의 이야기 등이 노르아드레날린 효과의 사례입니다.

이처럼 우리 일상에서 존재하는 스트레스를 통해 노르아드레날린을 불러올 수가 있으며, 스트레스를 잘 활용하면 노르아드레날린 효과를 누릴 수가 있습니다. 제가 골프 테스트를 앞두고 이런 노르아드레날린 효과를 느낀 것입니다. 중요한 업무 과제를 미루다 마감일이 다가오면 집중력과 판단력, 인지력이 올라가는 것도 그와 같은 효과입니다.

지금 30~40대 이상이 된 세대는 2002년 한일 월드컵을 잊지 못할 것입니다. 축구 변방의 나라가 어떻게 월드컵 4강을 이루어냈는지 지금 생각해도 납득이 잘 가지 않습니다. 하지만 스포츠 심리학을 공부하고 있는 저는 이해가 갑니다. 저는 그 원천을 노르아드레날린 효과에 있다고 봅니다. 수많은 축구팬들이 몇 차선이 되는지 알 수도 없는 큰 도로를 점령하고 응원을 하는데 이 광경을 본 축구선수들은 어떤 마음을 가지고 경기에서 임했을지 짐작이 갑니다. 훗날 4강 멤버의 주역인 한 선수는 16강에 못 들면 이민 가야 할 분위기가 선수단 분위기였다고 인터뷰한 장면이 기억에 남습니다. 어느 정도의 압박이고 스트레스였으면 이민을 이야기했을까요? 하지만 그런 스트레스가 없었다면 월드컵 4강은 없었다고 저는 생각합니다. 그래서 저는 월드컵 4강을 노르아드레날린 효과에서 기인됐다고 생각합니다.

노르아드레날린과 비슷한 효과를 가진 호르몬으로 아드레날린이라는 호르몬이 있습니다. 우리가 재밌는 액션 영화를 보거나, 놀이동산 기구를 탈 때 아드레날린이 분비된다고 하는데 그때 나오는 호르몬이 아드레날린 호르몬입니다. 우리의 신체 능력과 집중력, 판단력을 일시적으로 급상승시킬 수 있는 호르몬입니다. 중요한 야구 경기에 임했던 선수가 그날 투수가 던진 공의 실밥이 다 보일 정도로 공이 천천히 크게 보였다고 말하는 것도 이 아드레날린 덕분입니다. 우리는 흔히 위기(危機)라는 말을 사용하게 됩니다. 혹자는 위기를 위기와 기회가 병존해 있는 상태라고 말했습니다. 저도 공감하는 부분입니다. 위기와 기회가 병존할 때 아드레날린과 노르아드레날린의 도움을 받아 기회로 전환할 수 있습니다. 일상의 스트레스도 마찬가지입니다. 일상의 스트레스는 위기이면서 기회입니다. 적절히 잘 활용하면 몰입으로 이어져 기회로 전환할 수 있습니다. 우리에게는 아드레날린이 있으니까요.

02/

인간과 스트레스 그리고 한국인

이 장에서는 스트레스의 개념 정의와 스트레스를 이해할 수 있는 몇몇 이론을 살펴보겠습니다. 또한 제가 운영하고 있는 연구소에서 실시한 설문 조사를 바탕으로 정리한 '한국인이 생각하는 스트레스는 어떻게 정의될 수 있는가'에 대해서도 알아보겠습니다.

2-1

스트레스 넌 누구냐?

　현대인들이 가장 많이 사용하는 외래어가 스트레스라는 보도가 있을 정도로 스트레스는 우리를 늘 따라다니는 그림자 같은 것입니다. 우리와 늘 함께하는 것이 스트레스인데 우리는 과연 스트레스에 대해서 얼마나 알고 있습니까? '그냥 불편한 것', '부담스러운 것', '힘든 것' 정도로 알고 있진 않은가요? 그렇게 간단하게만 생각하기에는 스트레스는 우리의 일상에 깊숙하고도 많은 부분에 관여하고 있습니다.

스트레스(stress)라는 단어의 어원을 살펴보겠습니다. '스트레스(stress)'는 라틴어 'strictus'에서 유래되었습니다. 이 단어는 '팽팽하게 조이다', '꽉 조이다'라는 의미를 가진 단어입니다. 이후 'estress(압박, 고통)'의 의미를 가진 프랑스어로 넘어가고 이후 14세기경 영어로 도입되면서 고통, 곤경을 뜻하는 스트레스로 사용되기 시작했습니다. 어원을 살펴보면 알 수 있듯이 스트레스는 고통, 압박, 곤경, 지나친 압력 등을 의미하는 부정적 의미를 가진 용어로 시작되었습니다.

이러한 어원을 가진 스트레스는 의학 및 생리학 분야에서 다음과 같은 학술적 정의가 있습니다.

의학 분야에서조차 스트레스라는 용어가 생소하던 20세기 초 현대 임상의학의 아버지로 알려진 Willam Osler(1849~1919)는 신체 건강에 영향을 미치는 요인 가운데 가장 강력한 인자로 만성적인 걱정과 불안한 심리 상태를 꼽고 있었습니다. 오슬러가 이야기했던 그 만성적인 걱정과 불안한 심리가 현대에 와서는 스트레스로 정리되었는데 의학 분야에서 스트레스라는 영역이 인식된 최초의 시점이 여기였습니다.

그에 이어 여러 학자들에 의해 스트레스는 '위협 상황에 대한 인간의 다양한 반응'으로 정의되었습니다(Hans Selye, Rechard

Lazarus, Walter Cannon).

서양으로부터 전해 오는 스트레스라는 단어의 유래, 스트레스 연구의 선구자들의 정의를 종합해 보면 스트레스는 '외부의 압박에 따른 개인의 저항감' 정도로 해석이 가능합니다. 본인은 원하지 않지만 불편한 자극으로 다가오는 외부의 강압이 결국 스트레스라고 볼 수 있습니다.

그러면 동양에서 바라보는 스트레스는 무엇일까요?

서양 의학과는 다르게 동양 의학에서는 스트레스라는 용어를 찾기 어렵습니다. 앞서 살펴본 서양적 관점에서 스트레스는 '외부 환경에 따른 개인의 내적·외적 적응에 따른 부작용' 정도로 이해할 수 있었습니다. 스트레스에 관한 서양적 관점을 동양적 관점으로 가지고 와서 이해해 보면 한의학에서 말하는 칠정(七情)이라는 개념과 연결 지어 생각해 볼 수 있습니다.

칠정(七情)은 인간이 가지고 있는 여러 감정 중 7가지를 말합니다. 스트레스가 과하면 이 칠정(七情)에 영향을 미치게 되며 나아가 다양한 병의 원인이 됩니다. 칠정(七情)은 공(恐, 두려움), 노(怒, 화), 희(喜, 기쁨), 우(憂, 걱정), 사(思, 생각), 비

(悲, 슬픔), 경(驚, 놀람)을 말합니다. 한의학에서는 칠정(七情)의 변화는 의식 흐름의 변화이고 외부의 과도한 자극으로 의식 흐름에 문제가 생기면 인간의 7가지 감정에 해당하는 칠정(七情)에 문제가 생긴다고 말합니다. 이때 칠정(七情)과 의식 흐름에 영향을 미치는 원인을 스트레스라고 보고 있습니다.

한의학에서는 칠정(七情)에 문제가 생기면 인간의 오장육부에까지 영향을 미친다고 하여 다양한 질병을 예방하고 관리하는데 칠정(七情)을 다스리는 것을 매우 중요한 요소로 보고 있습니다. 칠정(七情)의 과불급에 따라 우리가 잘 알고 있는 사상체질로 구분하기도 하며 그에 따라 예상될 수 있는 질병이 다르다고 합니다. 이처럼 한의학에서 보는 스트레스는 오장육부에까지 영향을 미칠 수 있는 만병의 근원으로 여겨지고 있습니다. 또한 한의학에서는 답답하고 뭔가 억눌린 것 같은 심정을 말하는 울체(鬱滯)라는 개념이 있는데 이런 울체 현상을 일으키는 것을 스트레스라고 보고 있습니다.

동서양에서 말하는 스트레스의 정의를 종합해 보면 본인의 신체적·정서적 적응력의 범위를 벗어나 개인에게 위해(危害) 요소로 작용하는 외부 요인으로 정의 내릴 수 있습니다.

하지만 이런 스트레스 정의로는 매우 복잡하고 다양한 변화를 겪고 있는 현대인들의 스트레스를 이해하기에는 부족합니다.

100세 시대, 인공지능의 시대, 우주로 관광을 가는 시대에 과거 오랫동안 지배해 왔던 스트레스 개념으로 우리를 이해하기에는 코끼리의 일부만 만져 보고 코끼리를 그리는 것과 같습니다. 따라서 스트레스에 대한 재해석과 그 의미를 논할 필요가 있습니다.

2-2

스트레스는 대체 누가 만든 거야?

　　스트레스 연구는 1910년대에 미국의 생리학자 월터 캐넌(Walter Cannon)에 의해 본격적으로 시작되었습니다. 캐넌은 스트레스 상황에서 신체가 나타내는 자동적 반응을 '투쟁-도피 반응' (Fight-or-Flight Response)으로 명명했습니다. 위협이 되는 상황에서 인간은 싸울 것인지, 도망칠 것인지를 판단하게 되는데, 스트레스 상황에 직면하게 되면 인간은 교감신경계의 영향을 받아 이와 같은 반응이 자동으로 형성됩니다. 캐넌은 급성 스트레스 상황에서 흥분 호르몬으로 알려진 아드레날린과 같은 호르몬이 분비되어 신체가 신속하게 반응하도록 준비시킨다는 사실을 발견했으며, 이 투쟁-도피 반응은 스트레스의 생리적 측면에서 기초를 마련한 개념입니다.

캐넌의 투쟁-도피 반응 개념은 위협을 느꼈을 때 우리가 보이는 다양한 반응을 설명합니다. 예를 들어 많은 사람들 앞에서 강연을 해야 하는 상황 같은 위협에서 우리는 심장 박동이 빨라지고, 입이 마르고, 소화가 안 되고, 혈당이 갑자기 올라가고, 면역력이 떨어지기 쉬운데 모두 위협에 의한 투쟁-도피 반응과 같은 반응입니다. 위협적인 상황에서 이런 생리적 현상이 생기는 것을 인식했다면 그건 투쟁-도피 반응이 나타났다고 인식하면 됩니다. 반대로 그런 생리적 현상이 나타났다고 하면 우리에게 위협이 되는 뭔가가 작용하고 있다는 것을 의미합니다.

두 번째로 살펴볼 흐름은 한스 셀리에(Hans Selye)와 '일반 적응 증후군'입니다. 스트레스를 이해하는 데 큰 공헌을 한 인물인 한스 셀리에(Hans Selye)는 의대생 시절부터 위험에 대처하는 인체의 다양한 반응에 관심을 가졌습니다. 셀리에는 다양한 원인에 의해 나타난 질병이지만 그에 따라 생기는 신체 반응은 유사하다는 사실에 천착하여 좀 다양한 관계를 알아보기 위해 여러 호르몬을 쥐들에게 투입하는 실험을 진행하였습니다. 그 결과 기능적 역할이 다른 호르몬을 각각 투여하였음에도 그에 따른 신체 반응은 일관된 반응을 보였습니다. 또한 셀리에는 쥐들의 다른 측면을 이해하기 위해 다양한 독소 물질을 투입하여 쥐들의 반응을 관찰하기도 했습니다. 하지만 결과는 그 어떤 호르몬, 그 어떤 독소 물질을 투입하더라도 쥐들은 일관된 증상을 나타냈습니다.

즉, 셀리에는 신체에 작용하는 외부 원인은 다르지만 신체 반응 방식은 같다는 결론에 이르게 되고 이를 '일반적 적응 증후군(General Adaptation Syndrome, GAS)'이라 명명합니다.

인체가 어떤 질병에 걸리게 되면 나타나게 되는 증상이 유사한 면이 있습니다. 열이 나고 편도가 붓고 소화가 잘 안 되고 수척해 보이는 모습을 나타내게 되는데 이런 일반적인 반응을 셀리에는 일반적 적응 증후군이라고 한 것입니다.

다양한 외부 작용에 우리 몸이 적응하려고 나타내는 현상을 셀리에는 일반적 적응 증후군이라 하며 좀 더 명확한 설명을 위해 스트레스라는 용어를 접목합니다.

셀리에의 GAS 이론은 스트레스 이해를 위해 좀 더 세분화된 설명을 해줍니다. 셀리에는 스트레스를 받게 되면 3단계를 거쳐 나타난다고 합니다.

첫 번째 단계는 경고 단계(Alarm Stage)로 스트레스 요인에 직면했을 때의 초기 반응입니다. 이 단계에서 신체는 월터 캐넌의 '투쟁-도피 반응'처럼 교감 신경계를 활성화하여 아드레날린을 분비합니다. 심박수, 혈압, 호흡 속도가 증가하며, 신체는 위협에 대처할 준비를 합니다. 이 단계에서는 신체가 스트레스 요인에 즉각적으로 반응하고 대응합니다.

두 번째 단계는 저항 단계(Resistance Stage)로 신체가 스트레스에 적응하고 저항하는 과정이 일어납니다. 이 단계에서 신체는 스트레스 요인에 계속해서 대처하기 위해 에너지를 사용하며, 체내 자원을 동원해 스트레스에 저항합니다. 이 단계가 오래 지속되면, 신체는 서서히 지치기 시작하고, 에너지 고갈의 위험이 커집니다.

세 번째 단계로 스트레스 요인이 장기간 지속되면, 신체의 자원이 고갈되어 소진 상태(Exhaustion Stage)에 이르게 됩니다. 이 단계에서 신체는 더 이상 스트레스에 적절하게 대처할 수 없으며, 면역 기능이 약해지고 질병에 걸릴 가능성이 커집니다. 소진 단계에서는 심리적, 신체적 탈진이 일어나며, 이는 우울증, 불안 장애, 심장병, 면역 기능 저하 등으로 이어질 수 있습니다.

셀리에의 GAS 이론에 좀 더 쉽게 다가가기 위해 예를 들어 보겠습니다. 직장인 K씨는 중요한 회의 보고서를 준비해 직장 상사에게 보고를 하러 회의실에 들어갑니다. 회의실에 들어가는 K씨의 떨리고 긴장되는 심리 상태가 첫 번째 단계인 경고 단계에 해당합니다. K씨의 보고서가 형편없다는 평가를 받으며 상사에게 질책을 받습니다. 질책을 들은 K씨는 스트레스를 심하게 받아서인지 퇴근 후에 동료들과 폭식을 합니다. 이 상황이 스트레스 요인에 대처하기 위한 두 번째 단계인 저항 단계에 해당합니다. 그리고 마지막으로는 계속된 업무 스트레스에 따른 모든 일이 귀찮아진 번-아웃이 온 상태가 바로 세 번째 단계에 해당합니다.

가만히 생각해 보면 직장 혹은 학교 등에서 스트레스를 받았을 때 위 세 단계로 이어지는 과정으로 스트레스 반응을 보이는데 이것은 셀리에의 GAS 이론과 부합하는 면이 많습니다.

캐넌과 셀리에의 생리적 측면에서의 스트레스 이해를 지나 1960년대부터는 심리와 관련한 흐름이 나타나는데 대표적으로 리처드 라자루스(Richard Lazarus)를 들 수 있습니다.

심리학자 라자루스는 스트레스가 단순히 외부 자극에 대한 신체적 반응이 아니라, 개인이 환경 자극을 어떻게 평가하는지에 따라 달라진다고 주장했습니다. 그의 인지 평가 이론(Cognitive Appraisal Theory)은 스트레스가 외부 자극에 대한 개인의 주관적 평가와 관련이 있다는 점을 강조했습니다. 이에 따라 라자루스 연구 이후에는 스트레스를 이해하는 데 있어 인지적 재평가와 같은 심리적 기술이 중요한 부분을 차지하기 시작했습니다.

라자루스의 인지 평가 이론은 스트레스에 대해서 저자가 주장하는 맥락과 아주 흡사합니다. 라자루스의 주장은 다음과 같은 예로 이해할 수 있습니다.

저자가 소속해 있는 학교에서 강의를 하면서 학생들에게 과제를 내줄 때가 있습니다. 어떤 특정 과제를 내주면 학생들의 눈빛이 다양하게 변합니다. 예를 들어 '인기 아이돌 그룹인 BTS도 다른 청년들처럼 군대를 꼭 다녀와야 한다!'와 '면

제 특혜를 줘도 되는지에 대한 자기의 생각과 논리적인 주장'을 글로 써서 제출하라는 과제를 내준 적이 있었습니다. 그러면 호기심 어린 눈빛을 보이는 학생들과 짜증 섞인 눈빛으로 저에게 레이저를 쏘는 학생들 두 부류로 나뉩니다. '그런 과제를 도대체 우리한테 왜 내주는 거지?' 하는 부류와 '오호 요거 재밌겠는데' 하는 부류로 나뉘는 것입니다. 조금은 생뚱맞은 주제로 글쓰기를 하는 과제가 어느 누군가에게는 스트레스로 다가갔고 다른 이들에게는 흥미로운 과제로 다가갔음을 의미합니다.

라자루스의 인지 평가 이론(자극 평가 이론, Cognitive Appraisal Theory)은 외부 자극에 대한 개인의 인지적 해석이나 상이(相異)한 평가 과정에서 개인의 감정이 다르게 발생한다고 설명합니다. 이 이론의 핵심은 감정이 특정 사건 그 자체에 의해 발생하는 것이 아니라, 그 사건을 어떻게 해석하고 평가하느냐에 따라 달라진다는 점입니다.

라자루스의 생각을 좀 더 쉽게 접근하기 위해 제 개인적인 사례를 들어보겠습니다. 여러분들은 평소 놀이동산에 가서 놀이기구 타는 걸 즐겨하는 편입니까? 제 아내는 놀이기구 타는 걸 매우 좋아합니다. 기분이 우울할 때는 아이들하고 아찔한 놀이기구를 타고 나면 기분이 좀 나아지면서 스트레스가 풀린다고 하더군요. 하지만 그런 제 아내는 또 자동차 운전하는 것은 겁이 난다고 하면서 운전은 잘 안 하려 들더군요. 아슬아슬한 놀이기구를 타면 스트레스가 풀리는데 자동차 운전은 무서워서 십수 년째 장롱면허인 제 아내 사례가 바로 라자루스의 인지 평가 이론을 이해하기 쉬운 사례입니다.

이런 상황을 라자루스는 어떤 특정 상황을 초기 평가와 이차적 평가라는 개념으로 설명하고 있습니다.

초기 평가(Primary Appraisal)는 개인이 특정 상황을 처음 인지할 때 그 상황이 내 상황에 비춰 보아 긍정적인지, 중립적인지, 부정적인지, 위협적인지 판단하는 것을 말합니다. 예를 들어 어떤 사건이 자신의 생명에 위협을 줄 수 있다고 생각하면, 그 사건을 위협적이라고 평가합니다.

이차적 평가(Secondary Appraisal)는 초기 평가 후, 개인이 그 상황을 다룰 수 있는 자신의 자원이나 능력을 평가하는 단계입니다. 여기서 자신의 대응 능력과 대처 전략을 평가하여 그 상황을 해결하거나 관리할 수 있는지를 판단합니다.

라자루스는 감정이 이 두 가지 평가 과정에서 도출된 결론에 따라 형성된다고 보았습니다. 예를 들어 어떤 사건을 위협적이라고 평가하고, 동시에 자신이 그 위협에 대처할 수 없다고 생각할 경우, 불안이나 공포와 같은 감정이 발생할 수 있습니다. 반대로 자신이 충분히 대처할 수 있다고 생각하면, 덜 불안하거나 심지어 도전감을 느낄 수 있습니다.

라자루스의 인지 평가 이론은 스트레스와 감정 연구에 중요한 역할을 하였고, 감정 경험의 개인차와 상황적 맥락의 중요성을 강조하는 이론으로 널리 알려져 있습니다. 나아가 우리를 평생 따라다니게 될 스트레스라는 녀석도 라자루스의 인지 평가 이론 프리즘으로 이해하고 바라보면 스트레스에 대한 새로운 접근법을 제시할 수 있을 것으로 보입니다.

2-3

스트레스는 어디까지 왔는가?

최근의 스트레스 연구는 기능 자기 공명 영상법(fMRI: functional magnetic resonance imaging)의 발전과 그 맥락을 같이하고 있습니다. fMRI는 우리의 뇌도 훤히 들여다볼 수 있는 최근 기술입니다. 거짓말도 다 잡아낼 수 있는 최첨단 기술이라고 할 수 있습니다.

거짓말을 하게 되면 뇌의 특정 영역이 활성화되는데 fMRI가 그 순간을 포착하게 됩니다. 그래서 범죄 관련 분야를 다루는 영역에서는 거짓말 탐지기로 이 기술을 사용하기도 합니다.

연인들 사이에서 가벼운 농담으로 "저 연예인이 좋아? 내가 좋아?" 라는 질문을 하는 경우가 있는데 이제는 이런 농담도 쉽게 그 진위를 가려낼 수 있는 정도가 되었습니다. 잘생기고 미모의 연예인 사진을 볼 때와 자기 옆에 있는 연인의 얼굴을 볼 때와는 뇌 활성화 영역이 전혀 다르기에 진실이(?) 금방 들통나기 때문입니다.

fMRI 기술의 발전으로 특정 스트레스가 인지될 때 뇌의 어떤 영역이 문제를 일으키는지, 문제가 되는 뇌의 영역을 어떤 방식으로 문제점을 상쇄시킬 수 있는지에 대한 논의가 더 구체적으로 진행되었습니다. 예를 들어 스트레스가 들어오면 뇌의 편도체라는 부분이 활성화됩니다. 무섭거나 혐오스러운 상황에서 활성화되는 뇌 영역이 편도체입니다. 지나치게 활성화된 편도체는 고도의 인지 기능을 담당하고 있는 우리 뇌의 CPU(컴퓨터 중앙 처리 기억 장치)에 해당하는 전두엽 활동을 저해합니다. 반대로 전두엽이 활성화되면 편도체의 활성화를 억제할 수 있습니다. 전문가들은 fMRI 기술이 발전하고 확대되면 내 머릿속에서 일어나는 일들을 시시각각 확인이 가능해 "지금은 편도체가 활성화되어 있으니 전두엽을 활성화할 방법을 찾아보는 것이 어떨까요"라고 말해 주는 인공로봇이 나올 날이 멀지 않았다고 조심스럽게 예측하고 있습니다.

우리에게는 스트레스를 인식하는 데 맹점이 하나 있습니다. 스트레스 원인으로 인하여 분명 스트레스가 발생하였으나 정신적으로나 심리적으로는 인지가 안 될 때가 있습니다. 예를 들면 별일 없는 것 같은데 복통이 느껴지거나, 이유도 모르게 뭔가 기분이 소침해질 때가 있습니다. 평상시 같으면 가볍게 넘길 일도 어떤 날은 유독 예민해지거나 날카로워질 때가 있습니다. 그러면서 뒤돌아서서 '내가 왜 그렇게 예민하거나 날카로웠지?'라고 스스로 반문할 때가 종종 있습니다. 이 경우가 바로 스트레스 상황이 있었으나 그 상황을 인지하지 못하고 지내다 특정 상황을 맞은 것입니다. 인간의 이런 인지적 맹점에 도움을 줄 수 있는 기술이 fMRI 기술이 될 수 있습니다.

심리 치료 영역에서 알렉시티미아(Alexithymia), 해리 (Dissociation), 신체화(Somatization) 같은 개념이 나옵니다. 이런 개념은 심리적 스트레스가 신체적 증상으로 전이되는 현상을 말합니다. 스트레스를 인식했을 때 스트레스가 심리적 문제로 나타나지 않고 신체적 문제로 먼저 나타나는 경우로

스트레스를 받으면 복통, 두통, 근육 긴장 등의 증상으로 나타
날 수 있습니다. 이는 스트레스를 명확하게 자각하지 못하고,
몸이 먼저 반응하는 형태입니다. 알렉시티미아 같은 현상이
장기간, 자주 발생하면 고혈압, 당뇨, 심혈관계 질환 같은 생활
습관병으로 이어지고 우울, 불안, 과긴장, 무기력으로 이어져
일상에 지장을 초래할 수 있습니다.

　　최근 fMRI 기술의 발전은 스트레스를 좀 더 명확하고 또렷
하게 인식할 수 있게 하여 다양한 문제로부터 벗어나게 해줍
니다. 여기에 최근 IT 기술의 발전은 한층 더 그 속도를 더할
수 있게 해줍니다. 다양한 스트레스 관리 방법이 우리 뇌에 어
떤 영향을 미치는지도 직관적으로 알 수 있게 해줍니다. 자기
에게 맞는 스트레스 관리 방법을 적절히 찾아줄 것으로 예상
합니다.

2-4

K-stress

　제가 앞서 여러 학자들이 제시한 다양한 스트레스 정의를 설명했습니다만 스트레스를 또렷하게 정의 내리기는 쉽지 않습니다. 사람에 따라 다르고 동서양에 따라 다릅니다. 심리학자 라자루스가 제시한 인지 평가 이론에 비춰 보면 스트레스는 누군가에게는 고통이고 누군가에게는 도전이라 할 수 있을 정도로 두 얼굴을 가진 개념입니다.

　더군다나 복잡 다면적인 현재를 살아가는 우리에게 이러한 스트레스 개념은 쉽사리 와닿지 않습니다. 그래서 저자는 현재를 살아가는 한국 사람들은 스트레스에 대해 어떤 생각을 가지고 있는지 알아보기 위해 '여러분들이 생각하는 스트레스의 정의는 무엇입니까?', '가정, 직장, 사모임, 일상생활 중 어느 영역에서 가장 큰 스트레스를 받습니까?', '그 정의에 비춰 여러분은 어느 상황에서 가장 많은 스트레스를 받습니까?'라는 질문을 국내 성인남녀 500명에게 실시했습니다.

기존의 일반적인 설문조사에서는 객관식 위주로만 조사가 이루어졌는데 저자는 주관식 형태로 실시해 틀에 얽매이지 않은 다양한 생각을 취합했습니다. 보통의 객관식 설문지는 폐쇄형 설문지로서 '다음 보기 중에 하나를 고르시오'와 같은 형태로 조사가 이루어집니다. 하지만 저자는 주관식 형태의 설문지 즉 개방형 설문지 방식을 활용해 스트레스의 정의와 원인에 대해 좀 더 다양한 생각을 알아보았습니다. 두 가지 물음에 대한 응답자의 생각을 통해 한국인들은 스트레스를 어떻게 정의 내리고 있는지, 스트레스의 원인을 어디에 두고 있는지를 알아보겠습니다.

첫 번째 물음은 '당신이 생각하는 스트레스의 정의는 무엇입니까?' 였습니다.

그 결과 가장 많이 나온 응답은 '해결하기 어려운 문제로 인한 중압감(난제 중압감)'이었습니다. 해결하기 어려운 문제가 나를 누르고 있는 듯한 기분이 들게 하는 것을 스트레스로 정의하는 응답자가 가장 많았습니다. 다음으로 나타난 응답자들의 주요 개념적 정의에는 '계속해서 신경이 쓰이는 것(지속적 의식)', '내 뜻이 반영이 안 되는 것(의지 미관철)', '짜증나게 하는 것(짜증 정서)', '모든 병의 원인이 되는 것(만병의 근원)', '화 나게 하는 것(화)', '불안하고 긴장되게 만드는 것(긴장감)' 등이 있었습니다. 그리고 '나를 위한 성장통(성장통)'과 같은 긍정적인 측면을 이야기하는 응답자들도 다수 있었습니다.

응답자들의 내용을 바탕으로 '해결하기 어려운 문제로 인한 중압감' 내용에 대한 부분을 조금 더 풀어서 설명하면, 한국인들은 스스로 해결하기 어려운 문제에 봉착했을 때 그 상황을 스트레스 상황이라고 여기고 스트레스에 대한 정의를 내리는 것을 알 수 있습니다. 좀 더 구체적으로 한국인들은 삶이 고단하다고 느낄 때, 뭔가 말 못할 답답함을 느낄 때, 하는 일에 중압감을 느낄 때, 해결책이 필요하지만 해결책이 떠오르지 않을 때, 해결되지 않는 업무를 해결하기 위해 계속 고민하고 노력하게 만드는 상황을 스트레스라고 인식하고 있었습니다.

두 번째 물음은 '가정, 직장, 사모임, 일상생활 중 어느 영역에서 가장 큰 스트레스를 받습니까?' 였습니다. 여러분은 어디에 체크를 하시겠습니까? 제 조사에서는 50% 이상이 직장에서 가장 스트레스를 많이 받는다고 나왔습니다. 저자의 예상과 어느 정도 부합하는 결과였습니다.

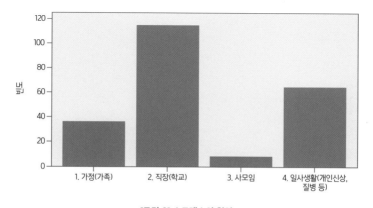

[그림 2] 스트레스의 원인

누구에게나 예민한 문제로 이어질 수밖에 없는 경제, 수입과 관련해 직접적인 인과 관계가 있는 직장에서 많은 스트레스를 받은 것으로 예상이 되는 부분입니다. 현대인들은 아무래도 금전적인 부분과 대인 관계 영역에서 스트레스를 가장 많이 받는다고 할 수 있는 조사 결과입니다.

이와 같은 내용에 이어 좀 더 구체적으로 스트레스 원인을 알아보기 위해 '어떤 상황일 때 스트레스를 많이 받습니까?' 라는 개방형 설문으로 재접근을 하였습니다.

그 결과 다음과 같은 순으로 스트레스 원인이 구분되었습니다.

〈표 1〉 스트레스의 원인

내용	빈도	퍼센트	누적 퍼센트
가치관 충돌	185	30.4	30.4
수입 불안	90	14.8	45.2
과중함	89	14.6	59.9
건강 좌절	57	9.4	69.2
외부 간섭	34	5.6	74.8
의지 미관철	30	4.9	79.8
세대 문제	25	4.1	83.9
자기 확장	20	3.3	87.2
비도덕성	15	2.5	89.6
감정 상처	12	2.0	91.6
미래 지향	12	2.0	93.6
일상	12	2.0	95.6
자존감 하락	8	1.3	96.9
과대 목표	7	1.2	· 98.0
예상밖 차질	7	1.2	99.2
동기 유실	5	0.8	100.0

스트레스의 주요 원인 몇 가지를 살펴보겠습니다. 가장 높은 빈도를 보인 원인은 가치관 충돌이었습니다(30.4%). 가치관 충돌의 구체적 사례로는 다음과 같습니다. 주인 정신이 없는 직원을 상대할 때, 현재 직업이 나의 정체성과 부합하는지 의구심이 들 때, 직장 상사와의 갈등, 회사 내 대인 관계, 부당한 직장 상사의 업무 지시, 내가 하고 싶은 일과 해야 하는 일과의 갈등, 신뢰를 깨는 타인의 행동, 워킹맘으로서의 다양한 어려움 등이 가치관 충돌의 사례로 나타났습니다.

두 번째로 높은 빈도를 보인 원인은 수입 불안이었습니다(14.8%). 직장 내 매출 관련 문제, 나의 현재 수입 상태에 대한 고민, 사업의 불투명성, 수입과 관련한 가정 형편, 급작스러운 목돈 지출로 저축 통장을 해약할 때, 생활 자금이 부족할 때 등의 이유로 수입 불안을 스트레스 원인으로 꼽고 있었습니다.

세 번째로는 본인이 하는 일에 과중함이 느껴질 때(14.6%)가 있었으며, 건강 관련 요인이 부정적일 때도 많은 스트레스를 받는 것으로 나타났습니다(9.4%).

Korean-style stress(K-stress)에서 나타난 다양한 응답을 통해 한국인은 '우리의 생계 유지와 직접적인 관련이 깊은 직장에서 해결이 쉽지 않은 과중한 여러 가지 문제와 대인관계에 있어서 있을 수 있는 가치관 충돌'이 한국인에게 가장 큰 스트레스 영역임을 알 수 있었습니다.

마지막으로 저자는 '스트레스가 당신에게 어떤 의미로 존재합니까'라는 질문을 해보았습니다. 이 질문을 통해 스트레스를 백해무익한 존재로 인식하고 있는지 혹은 잘 활용하면 우리의 역량 강화에 도움이 되는 존재로 인식하는지를 알아보고자 하였습니다.

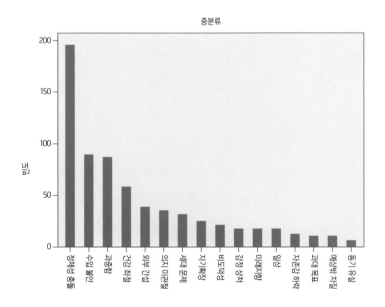

[그림 3] 스트레스 관련 설문 결과

그 결과 아직까지는 백해무익한 존재라고 인식하고 있는 사람들이 57%로 스트레스를 긍정적 측면에서 바라보는 시선 (43%)보다는 높게 나타났습니다. 하지만 제가 처음 설문조사를 실시할 때 예상했던 것보다는 스트레스를 바라보는 긍정적 시선의 비율이 높은 것으로 나타나 스트레스를 바라보는 인식 개선에 희망을 걸 수 있을 것으로 예상합니다.

우리가 보통 스트레스라고 하면 극복하기 힘든, 우리의 영혼까지 흔들어 놓는 무언가로 인식하기가 쉽습니다만 이번 설문조사에서 나타났듯이 한국인이 느끼고 있는 스트레스는 누구에게나 있을 법한 당연한 어려움 정도에 지나지 않음을 알 수 있습니다. 물론 이 조사로 전체를 일반화하기에는 무리가 있지만 스트레스를 다른 접근 방식으로 다가가 보면 스트레스에 대한 재해석 혹은 재의미화, 재규정을 할 수도 있겠다는 희망 있는 조사 결과입니다.

두 가지 경우가 있다고 가정을 해보겠습니다. 말(word)에 따라 세계가 움직인다고 보는 쪽과 세계를 담으려고 말(word)이 만들어지는 쪽이 있는 경우 여러분은 어느 쪽에 무게중심을 두고 싶습니까? 상호 보완적인 접근이 가장 무난하겠지만 저는 전자에 마음이 가는 쪽입니다. 예를 들어 스트레스라는 용어의 의미를 긍정적 의미로 해석하고 규정하여 스트레스를 새로운 스펙트럼으로 바라보게 하여 우리의 또 하나의 에너지원으로 스트레스를 사용하게 하는 것입니다. 다시 말해 스트레스라는 말의 의미를 다시 정의해 보거나 재정립해서 우리를 괴롭히고 있는 여러 스트레스에 대한 재해석이 이루어지게 할 수 있다고 생각합니다. 이것이 제가 이 책을 쓰고 있는 이유이기도 합니다.

이런 말(word)의 가치에 대해 다양한 접근을 한 학자 중에 존 서얼(John Searle)이 있습니다. 존 서얼에 따르면 언어 행위는 앞서 제가 제시한 2가지 가정처럼 두 가지의 방향성에 의해 분류되는데, 말이 세계에 맞추는 방향과 세계가 말에 맞추는 방향 두 가지 맥락으로 구분됩니다. 그의 이론에 따르면 말, 언어, 명칭은 우리의 사고와 의식에 다양하게 영향을 미칠 수 있습니다. 존 서얼의 생각에 비추어 보면 스트레스에 대한 새로운 접근은 새로운 사고와 의식을 만들 수 있습니다.

앞서 언급한 K-stress에 관련한 내용을 살펴보면 만병의 근원이라는 포장지로 스트레스를 모두 감싸기에는 스트레스가 가진 의미가 매우 다층적임을 알 수 있습니다. 그래서 저는 성공하는 사람들의 습관 시리즈 작가로 유명한 스티븐 커비가 말했던 'the greatest risk is the risk of riskless living(가장 큰 위험은 위험 없이 사는 삶이다).'라는 문구로 이 장을 마무리하고 싶습니다.

03/

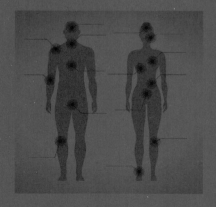

몸이 이야기하는 스트레스

　　이 장에서는 스트레스가 몸에 미치는 영향을 신체와 관련지어 살펴보겠습니다. 스트레스는 다양한 형태로 몸에 나타납니다. 특히 심장, 뇌, 면역, 비만 등과 관련된 부분을 다뤄보겠습니다. 무심히 받아들였던 몸에 신호들이 스트레스와 어떤 관련이 있어서 그랬는지 알아보겠습니다. 그 어떤 것도 그냥은 없었습니다.

3-1

심장을 뛰게 하는 스트레스

무슨 이유에선가 열심히 뛰어야 하는 상황을 가정해 보겠습니다. 예를 들어 1년 동안, 아니 초중고 12년을 정말 열심히 공부해서 자기가 원하는 대학에 들어가기 위해 치르는 행사 중 가장 큰 행사라고 할 수 있는 대학수학능력시험을 치르는 날입니다. 그런데 너무 긴장한 나머지 잠을 못 이루다 늦게 잠드는 바람에 아침에 늦잠을 잤습니다. 이럴 때 여러분들은 어떤 기분이 들겠습니까? 아마도 전쟁과 같은 아침일 것입니다. 빨리 준비하고 나가야만 시간 내에 버스를 타고 시간 내에 고사장으로 도착할 것입니다. 만약 타야 할 버스를 놓친다면 뛰어가야 제시간에 도착할 것입니다. 이럴 때 인체는 스트레스라는 감정을 느끼게 되며 우리를 지키기 위해 뭔가를 하게 됩니다. 이때 등장하는 지원군이 바로 앞서 설명했던 아드레날린이라는 호르몬입니다.

중추 신경계와 다르게 비교적 자율적으로 작동이 되는 신경계를 자율 신경계라고 합니다. 이 자율 신경계는 교감 신경계와 부교감 신경계로 구분됩니다.

교감 신경계는 군인들이 치르는 교전 상황과 같은 환경에서 작용되는 신경계이고 부교감 신경계는 반대로 평화로운 상황에서 작용하는 신경계라고 보시면 이해가 편합니다. 늦잠을 잔 입시생은 교감 신경의 지배를 받습니다. 교감 신경은 무엇을 할까요? 가장 먼저 하는 일이 아드레날린 호르몬 분비입니다. 이 아드레날린은 심장에 더 많은 일을 할 것을 요구합니다. 스트레스를 받을 때 가슴이 뛰는 이유가 바로 여기에 있지요. 심장이 더 많이 더 빠르게 뛰면 더 많은 혈액을 활용할 수 있습니다. 혈액의 활용도가 높아지면 더 많은 산소를 가지고 더 많은 움직임과 빠른 움직임을 가져갈 수 있습니다. 그렇게 되어야만 늦잠을 잔 수험생은 늦지 않고 고사장으로 들어갈 수 있습니다.

이처럼 스트레스는 심장에 이런 일이 일어나도록 유도합니다.

조금 더 구체적으로 들어가 볼까요. 우리가 접하는 모든 상황에 감정이라는 옷을 입히는 곳은 뇌 중에서도 변연계라는 곳이고 그중에서도 편도체라는 곳이 있습니다. 감정이라는 옷을 입은 상황은 곧바로 우리 인체에 변화를 일으킵니다. '어떻게 해야 살아서 온전한 나를 지킬 수 있을까?'라는 질문에 첫번째 반응은 바로 심장 근육의 활성화입니다. 아드레날린은 심장 근육을 자극합니다. 자극받은 심장 근육은 더 많은 혈액을 내보내고 인체를 돌아서 다시 돌아오는 혈액은 심장을 더 강하게 뛸 수 있게 심장을 자극합니다. 돌아오는 혈액이 더 강하게 심장벽을 자극하여 그 안에 있는 혈관이 더 팽창하게 되는 것이죠. 이렇게 되면 바로 혈압과 심장이 뛰는 횟수가 올라가게 되는 것입니다.

심장으로 몰려드는 혈액으로 인해 변화되는 또 다른 곳으로 소화 기관이 있습니다. 전쟁 중 총을 맞아 부상을 입은 병사의 소화 기관을 살펴보면 어떤 모습일까요? 평상시에는 혈액이 잘 돌아 분홍색을 띠던 소화 기관은 위험을 인식하게 되면 흰색으로 변한다고 합니다. 우리의 소중한 혈액을 현재 소화 기관보다 더 중요한 다른 곳으로 보내기 때문이죠. 실제 실험 사례에서 보고된 내용을 살펴봐도 불안해지거나 화가 났을 때는 위장 점막의 색이 흰색으로 변한다고 합니다. 실험까지 가지 않더라도 우리 내 옛날 어르신들이 하시는 말씀 속에도 그와 관련된 내용을 유추할 수 있습니다. '밥 먹을 때는 개도 안 건드린다'는 속담이 바로 그것일 것입니다. 식사 중에 스트레스를 받게 되면 소화 기관의 기능이 떨어져 체해서 문제가 생길 수 있기 때문일 것입니다. 즉, 스트레스는 혈액을 빨리 더 많이 심장으로 몰려들게 하고 그것은 다른 인체 기관에까지 문제를 일으킵니다.

스트레스로 인해 심장에 몰려든 과도한 혈액량으로 신장도 영향을 받습니다. 외부 자극으로 입은 상처를 치료하기 위해서는 더 많은 혈액이 필요합니다. 더 많은 혈액 공급을 위해서 인체는 체내 수분을 아끼려 합니다. 혈액량과 수분은 정비례 관계에 있습니다. 수분이 부족해지면 혈액량도 같이 부족해진다는 뜻입니다. 즉 인체는 위급 상황 발생 시 혈액의 원활한 공급을 위해 수분 공급 및 유지를 시도합니다. 우리가 과도한 체내 스트레스를 받을 때는 최대한 수분을 아낀다는 의미입니다. 수분이 배출되지 않고 지나치게 아껴지면 수분 배출 역할을 하는 신장 기능에 이상이 오게 됩니다.

스트레스로 인해 생긴 심장과 혈액, 혈관 압력의 문제가 신장 기능에까지 문제를 일으키는 메커니즘이 여기에 있습니다.

좀 더 직접적인 스트레스와 심장의 관계를 살펴보겠습니다. 스트레스를 받으면 혈액이 심장으로 많이 몰려듭니다. 많이 몰려든 혈액을 버티기 위해서는 심장은 아주 얇은 혈관이 필요할까요? 아니면 넓고 튼튼한 혈관이 필요할까요? 넓으면서 튼튼하고 탄력적인 혈관이 필요함은 자명합니다. 그런데 스트레스를 받게 되면 혈관이 딱딱해집니다. 스트레스로 분비되는 아드레날린이라는 호르몬이 혈액 응고를 돕기 위해 존재하는 혈소판을 굳게 만들고 굳어 버린 혈소판은 혈관에 붙어 혈관을 더욱 딱딱하게 만들어 혈압 상승 등을 일으킵니다. 나아가 동맥경화로 이어지기도 합니다. 지나친 스트레스는 혈관 탄력을 잃게 만듭니다. 심장의 혈관은 딱딱해진 형태로 몰려오는 혈액을 감당할 수밖에 없습니다. 스트레스가 혈관 탄력을 뺏어가고 고혈압을 유발하는 원리가 이런 것입니다.

또한 스트레스로 인해 딱딱해진 혈관은 당연히 상처를 입기가 쉬워집니다. 딱딱해진 혈관과 혈관 상처와의 관계는 저는 다음과 같이 이해했습니다. 외부 피부도 부드러울 때는 상처가 잘 나지 않습니다. 하지만 딱딱한 각질이나 굳은살 혹은 피부가 트는 일이 생기면 조금만 잘못 건드려도 금방 상처가 생기는 경험을 여러분들도 한 번쯤은 해보았을 겁니다. 그런 일들이 혈관에 생기는 것입니다. 피부가 트면 금방 상처가 나듯이 스트레스를 많이 받게 되면 혈관도 상처 입을 가능성이 매우 높은 상태가 됩니다.

뇌! 스트레스를 고발하다

외부에서 스트레스라는 자극이 들어올 때 가장 먼저 반응을 보이는 곳은 우리 신체 중 어디일까요? 바로 약 1.3kg~1.4kg, 체중의 2%밖에 되지 않는 뇌가 가장 먼저 반응을 보입니다. 중요한 프레젠테이션을 앞두고 긴장된 마음, 직위가 높은 직장 상사와의 회의 미팅, 중요한 경기를 앞둔 선수들의 마음에서 일어나는 스트레스는 뇌라는 기관이 가장 먼저 알아차립니다. 가장 먼저 자극받은 뇌는 다양한 신호를 인체의 각 기관에 보내기 시작합니다. 예를 들어 보겠습니다.

중요한 경기를 앞둔 축구 국가대표 선수를 상상해 볼까요? 많은 관중 앞에서 얼마나 긴장되고 떨릴까요? 지금 이 선수의 뇌 속에서는 '오늘 중요한 경기이니까 잘해야 해'라는 메아리가 계속 울려 퍼지고 있을 것입니다. 이때 이 선수의 뇌는 경기에서 좋은 움직임을 이끌어내기 위해서 활발한 근육 움직임 증가에 도움이 되는 아드레날린, 노르아드레날린, 코티솔 등의 호르몬 분비를 지시하고 있을 것입니다. 또 중요한 발표를 앞두고 스트레스를 받는 사람은 입안이 마르고 손에 땀이 나고 떨리는 목소리가 나올 것입니다. 이런 상황도 스트레스로부터 우리를 지키기 위해서 뇌가 보이는 반응입니다. 이처럼 스트레스와 뇌는 가장 가깝게 연결되어 있습니다. 그럼 우선 스트레스와 가장 가깝게 연결된 뇌는 어떤 구조로 되어 있는지 알아보겠습니다.

뇌는 크게 대뇌(cerebrum), 간뇌(사이뇌, diencephalon), 변연계(Limbic system), 소뇌(cerebellum), 연수(medulla oblongata) 등으로 나뉩니다. 더 구체적인 구분도 가능하겠지만 스트레스와 관련하여 크게 구분하자면 위와 같은 5가지 정도로 구분할 수 있습니다. 첫 번째 대뇌는 운동, 예술 감각, 언어, 기억, 복잡한 계산, 합리적 판단을 하는 가장 인간적 뇌 영역입니다. 사람을 사람답게 만들어 주는 뇌 영역이죠.

또 다른 표현으로 이성의 뇌로도 알려져 있습니다. 스트레스 요소가 인지되었을 때 그것이 진짜 스트레스인지, 스트레스를 가장한 별일 아닌 일인지를 구분하는 것도 대뇌에서 하는 중요한 역할입니다. 롤러코스터는 본능적으로는 분명 스트레스 요소입니다. 하지만 우리 대뇌는 그것이 놀이에 불과하지 스트레스가 아님을 인지합니다. 대뇌와 스트레스는 매우 밀접한 관련이 있습니다.

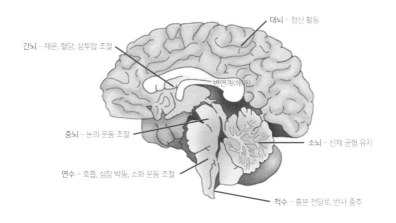

간뇌 - 체온, 혈당, 삼투압 조절

대뇌 - 정신 활동

변연계(해마)

중뇌 - 눈의 운동 조절

소뇌 - 신체 균형 유지

연수 - 호흡, 심장 박동, 소화 운동 조절

척수 - 흥분 전달로, 반사 중추

[그림 4] 뇌의 구조

간뇌는 내장, 호르몬, 혈관 압력과 같은 자율 신경을 관리합니다. 스트레스와 가장 밀접한 관련이 있다고 할 수 있는 시상, 시상하부가 간뇌에 해당합니다. 스트레스와 관련한 가장 핵심적인 코티솔이라는 호르몬 및 기타 스트레스 관련 호르몬도 간뇌의 영역에서 조절됩니다.

다음으로 변연계(해마, 편도체)라는 영역이 있습니다. 이 곳은 인간의 감정을 처리하는 영역입니다. 불안, 불쾌, 기쁨과 같은 정서가 생성되는 곳입니다. 스트레스도 결국 하나의 정서로 볼 수 있습니다. 그런 스트레스를 스트레스로 분류하는 곳이 바로 변연계 중 편도체입니다. 운동할 때 균형 감각을 유지하게 하는 소뇌도 스트레스와 매우 밀접한 관련이 있습니다. 소뇌의 크기는 전체 뇌의 10%에 불과하지만 신경 세포의 절반 이상이 소뇌에 포함되어 있습니다. 이런 소뇌가 외상 후 스트레스 장애에 노출되면 그 크기가 작아집니다. 작아진 소뇌는 당연히 운동 능력을 떨어뜨립니다. 스트레스를 받으면 운동 능력이나 운동 학습 능력이 떨어지는 이유가 여기 있습니다.

마지막으로 연수가 있습니다. 연수는 다양한 신경의 핵이 시작되는 곳이고 우리의 자율 신경을 책임져 주는 영역입니다. 예를 들면 호흡, 순환, 운동 기능과 관련한 신경을 관리하는 영역입니다. 나의 의지와는 상관없이 발현되는 자율 신경계 작용을 일으키는 곳이 연수입니다.

스트레스 반응 경로

외부에서 스트레스라는 자극이 인체에 전달되면 우선 대뇌는 그동안에 축적되었던 경험치 등을 활용해서 자극이 어떤 종류의 것인지 판단하기 위해 변연계의 도움을 받고자 합니다. 변연계는 감정과 기억을 담당하는 곳입니다. 특히 변연계의 일부인 편도체는 그 자극에 감정의 옷을 입히기 시작합니다. 예를 들어 밖에서 큰 소리가 나면 편도체는 그 소리가 기분 좋은 소리인지 위험한 상황을 알리는 소리인지 감정이라는 옷을 입힙니다. 외부의 자극에 대해 첫 번째로 판단하는 기관이 편도체입니다. 편도체는 외부 자극이라는 다양한 신호를 인체 전반에 영향력을 미칠 수 있도록 대뇌에 다시 보냅니다. 그렇게 편도체가 보낸 메시지를 받은 대뇌는 거기에 맞는 대응책을 마련하기 위해 인체의 각 영역에 또 신호를 보내기 시작합니다. 그 신호에 해당하는 물질을 호르몬(Hormone)이라고 합니다.

인간이 스트레스에 반응하는 경로는 크게 2가지로 나눌 수 있습니다. 긴급 반응 경로(SNA: sympathetic nerve activity, 교감 신경계 활성화축)와 상시 반응 경로(HPA: hypothalamic-pituitary-adrenal, 시상하부-뇌하수체-부신축)가 그것입니다. 긴급 반응축과 상시 반응축을 이해하기 위한 예는 다음과 같습니다. 운전을 하던 중 터널을 지나가게 됩니다. 그런데 터널을 지나면서 터널이 무너지는 사고로 터널 안에 갇히게 되는 끔찍한 사고를 당합니다. 인체는 어떤 반응을 보일까요? 자기가 가진 모든 능력을 활용해 안전한 곳으로 피하려고 할 것입니다. 이때 긴급 반응 경로로 스트레스를 대하게 됩니다. 그리고 터널 안에 갇혀서 장시간을 버텨야 하는 상황에서는 예상되겠지만 상시 반응 경로로 스트레스를 처리하게 됩니다.

그럼 왜 인간은 스트레스라는 자극을 두 개의 경로로 처리할까요? 지금이 온 힘을 다해 벗어나야 할 때인지 아니면 장기적으로 버텨야 할 때인지를 구분해서 반응하도록 진화한 것입니다. 빨리 위험 상황을 벗어나야 한다는 판단이 들었을 때는 우리에게 초인적인 힘을 발휘하게 하는 아드레날린이라는 호르몬을 제공합니다. 긴급 반응 경로를 통해서 분비되는 아드레날린은 빠른 심장 박동과 근수축을 가능하게 하여 최대한 위험 상황을 벗어날 수 있게 해 줍니다. 반면, 지금 나에게 처한 위험 상황이 쉽게 해결되지 않을 것 같다는 판단이 서면 장기전에 대비해 인체는 코티솔이라는 호르몬을 분비하면서 인체의 생명력을 이어가고자 하는 것입니다. 스트레스를 받으면 일정 기간 입맛이 없는 이유가 여기 있는 것입니다. 터널 안에 갇혀 식량이 없는 상황에서 장시간 사투를 벌여야 한다면 우리는 입맛이 없는 신체적 상황이 당연히 유리할 것입니다. 이렇게 인간은 생존을 위해 뇌에서 스트레스라는 상황을 두 가지 경로로 처리합니다.

대뇌의 감마아미노부티르산(GABA: Gamma-aminobutyric acid)

스트레스와 뇌는 더 이상 설명이 필요 없을 만큼 매우 중요한 관련이 있습니다. 저는 그중에서도 GABA라는 신경 전달 물질을 언급하겠습니다. GABA는 대뇌의 다양한 곳에서 분비되며, 인지 행동 조절 및 스트레스와 매우 밀접한 관련이 있습니다. 이 GABA라는 신경 전달 물질이 대뇌에서 어느 정도 농도를 나타내는지에 따라 스트레스가 우리를 괴롭힐 때 그 대응 수준을 예상해 볼 수가 있습니다. 다양한 동물 실험을 통해 GABA가 외상 후 스트레스 장애 진단과 치료에 중요한 역할을 할 것으로 예상할 수 있습니다. 스트레스로 인한 동물들의 지친 뇌를 이 GABA라는 신경 전달 물질이 회복시키는 것이었습니다. 스트레스를 받으면 보통 우리는 '뚜껑 열린다'는 은어를 쓰지요, 그때 우리의 뚜껑을 살포시 닫아 주는 역할을 하는 게 바로 GABA라는 신경 전달 물질입니다. 뒤에서 다시 설명하겠지만 스트레스 완화, 스트레스 반응 조절에 매우 중요한 신경 전달 물질인 GABA는 우리가 평소 하는 운동과 매우 밀접한 관련이 있습니다. 평소 운동을 한 사람과 하지 않는 사람은 이

GABA라는 신경 전달 물질 농도에 있어서 큰 차이를 보인다고 합니다. 여러분들의 뚜껑을 잘 조절하기 위해서 운동이 꼭 필요한 이유가 여기 있습니다. 꾸준한 달리기와 걷기 같은 신체 활동은 GABA 활성 수준을 끌어올려 우리를 괴롭히는 스트레스를 상쇄시켜 줍니다.

인간의 감정에 다양한 옷을 입히는, 편도체(amygdala)

변연계 중 첫 번째로 인간이 느끼는 감정에 옷을 입히는 곳인 편도체라는 뇌 영역이 있습니다. 스트레스 같은 인간의 '불쾌한 감정'을 이해하기 위해 편도체를 이해할 필요가 있습니다. 편도체가 인체에서 어떤 역할을 하는지 좀 더 구체적으로 알아보겠습니다.

우선 간단한 예를 한 번 들어 볼까요. 만약 여러분들이 등산 중에 깊은 산속에서 독사를 발견했다고 상상해 볼까요? 그것도 맹독성을 가지고 있는 뱀을 봤을 때 여러분은 가장 먼저 어떤 기분이 들까요? 징그럽고 무섭기도 할 것입니다. 이럴 때 뇌에서 활성화되는 곳이 바로 편도체입니다.

편도체는 닥친 상황이 나의 생존에 위협이 되는지 여부를 가장 먼저 판단해 주는 뇌 영역입니다. 만약 편도체가 제 기능을 하지 못하면 인간은 어떻게 될까요? 먼저 원숭이를 대상으로 한 편도체 제거 실험을 예로 들어 보겠습니다. 원숭이에게도 뱀이라는 동물은 매우 위험하다는 인식이 아주 오랜 세월을 통해 뇌 깊숙이 자리 잡고 있을 겁니다. 하지만 편도체를 제거한 원숭이들은 뱀이 무섭다고 여기지 않고 뱀을 가지고 던지면서 노는 행동을 보이기까지 합니다. 편도체가 없는 상황이 생기면 이렇듯 두려움을 모르는 상황이 펼쳐집니다.

쥐를 대상으로 한 실험에서도 비슷한 내용을 확인할 수 있었습니다. 쥐의 편도체에 전기 자극을 주면 쥐는 하던 행동을 멈추는 동결 반응을 보입니다. 편도체에 전기 자극만 줘도 공포를 인식합니다. 사람은 어떨까요. 사람도 예외는 아니었습니다. 우르바흐-비테 증후군(Urbach-Wiethe disease)이라는 질병에 걸린 여성을 예로 들 수 있습니다. 이 질병은 매우 희귀하며 뇌 일부가 파괴되어 편도체에 문제가 생기는 질병입니다. 이 여성을 대상으로 실험하였는데 원숭이와 같은 결과를 보였습니다. 질병에 걸리지 않았을 때는 뱀과 같은 파충류를 매우 혐오해 오던 그녀가 뱀을 만지고 전혀 두렵지 않다고 할 정도로 이전과는 전혀 다른 행동을 보였습니다.

이처럼 인간이 스트레스로 여기는 공포, 불안과 같은 기분은 편도체에서 가장 먼저 반응을 보입니다. 인간에게 공포와 불안 정서를 인식하는 것은 생존과 직결됩니다. 하지만 편도체의 지나친 활성화는 앞서 설명했던 스트레스 반응의 두 가지 경로 중 상시 반응 경로(HPA축)를 다시 활성화하여 스트레스와 관련해서 우리 몸에 이중으로 부담을 주게 됩니다. 최근 국내 연구진에 의해 다양한 이유로 과도하게 활성화된 편도체의 활성화 정도에 따라 뇌졸중 환자의 뇌혈관 발생 위험도에 차이가 나는 것으로 밝혀졌습니다(김정민, 박광열, 석주원, 2023). 이것은 스트레스와 같은 부정적 정서, 감정을 자주 느끼거나 인지하게 되면 편도체가 과활성화되고 그것에 따라 뇌혈관 질환 발생 확률이 높아짐을 의미합니다. 극심한 외상 사건을 겪은 이후 나타나는 병적인 증상을 '외상 후 스트레스 장애(PTSD: post traumatic stress disorder)'라고 합니다. PTSD 환자의 뇌를 살펴보면 과도하게 활성화된 편도체를 확인할 수 있는데 이것으로도 스트레스와 편도체의 깊은 관련성을 알 수 있습니다. 이처럼 뇌 안의 작은 편도체는 스트레스와 관련하여 다양한 연결 고리를 가지고 있습니다.

학습과 기억을 담당하는 해마(hippocampus)

변연계를 이루는 해마가 있습니다. 해마는 학습과 기억을 담당하는 뇌 영역입니다. 책을 읽거나 시험공부를 할 때 책 내용과 공부 내용이 기억되어 오랜 기간 뇌에 저장될 수 있도록 돕는 뇌 영역이 바로 해마입니다. 이런 해마는 스트레스에 굉장히 취약합니다. 스트레스를 받을 때 분비되는 호르몬의 수용체가 해마에 많이 분포되어 있기 때문입니다. 해마는 스트레스 호르몬을 흡수하는 수용체가 많아 스트레스에 따른 인체를 보호하기 위해 다양한 역할을 합니다. 스트레스를 많이 받은 뇌의 해마는 그 기능이 떨어집니다. 즉 학습과 기억의 기능이 저하됩니다. 스트레스를 많이 받는 청소년들이 그렇지 않은 청소년들에 비해 학습 효과가 떨어지는 이유가 바로 거기에 있는 것입니다. 심한 충격적 사건을 겪은 사람들이 순간적으로 기억 장애를 겪는 이유도 바로 이런 이유에서입니다.

해마의 기능 중 이것보다 더 중요하다고 생각되는 것은 스트레스로 인한 과한 편도체 활성화를 상쇄하는 것입니다. 고속도로에서 브레이크가 고장 난 자동차가 속도를 못 줄이고 달리고 있는 위험천만한 상황을 상상해 볼까요? 이럴 때 자동차의 속도를 줄이고 멈추는 역할을 하는 것이 해마입니다. 과도한 스트레스로 지나친 행동을 막아 주는 역할을 해마가 합니다. 그런데 문제는 해마가 과도한 스트레스로부터 우리 몸을 지키기 위해 과도하게 사용되면 해마 크기가 줄어듭니다. 해마 크기가 작아지면 스트레스로 인해 순간적으로 깜빡깜빡하는 정도의 문제에서 더 나아가 우리를 노년의 공포로 몰아

넣을 수 있는 알츠하이머병 같은 무서운 질병으로도 연결될 수 있습니다. 실제로 알츠하이머병 질환을 앓고 계신 노인분들의 해마를 fMRI로 촬영하면 정상군에 비해 작아져 있습니다. 하지만 이것은 아직까지는 약간의 논란의 소지가 있습니다. 해마가 작아져서 질환을 앓게 되었는지, 질환을 앓아서 해마가 작아졌는지는 이견이 다양합니다. 그렇지만 스트레스와 해마 그리고 뇌 관련 질환은 매우 직접적인 상관이 있는 것은 분명합니다.

때론 적군처럼 때론 아군처럼, 코티솔(cortisol)

스트레스 하면 코티솔, 코티솔 하면 스트레스가 떠오릅니다. 스트레스를 이해하기 위해서는 코티솔을 이해해야 하고, 코티솔을 이해하면 스트레스 관리가 한결 쉬워집니다. 우리 인체는 스트레스를 인지하게 되면 코티솔이라는 호르몬을 분비하는데 이 코티솔이 인체에 많은 영향을 미칩니다. 우리가 '어우! 스트레스 받어' 하는 순간 우리 몸 어딘가에서는 이 코티솔 호르몬이 나오고 있는 것이죠. 하지만 인체에서 분비되는 호르몬 중에서 가장 오해를 많이 받고 있는 호르몬이 바로 코티솔입니다.

스트레스를 인지하는 그 순간 분비된다고 해서 코티솔은

나쁘기만 할까요? 우선 코티솔이 우리에게 주는 긍정적인 면을 살펴보겠습니다.

인체는 항상성(homeostasis)이라는 기전이 있습니다. 인체를 정상적인 상태로 유지하려고 하는 성질을 항상성이라고 합니다. 원하지 않은 배고픔, 추위, 면역력 저하에 놓였을 때 우리를 그 위기에서 구해 줄 지원병이 바로 코티솔입니다. 코티솔은 인체의 항상성을 유지하는 매우 중요한 역할을 합니다. 몇 가지 사례를 들어 보겠습니다.

박사과정에 있는 대학원생, 특히 논문 발표를 앞둔 대학원생은 그야말로 전쟁을 치르는 심정입니다. 제가 대학원 박사 논문 발표를 앞두고 겪은 경험입니다. 제가 원래 밤을 새우면서 논문을 쓰거나 기타 작업을 하면 집중을 잘 못하거나 그 후유증이 오래가는 타입이었습니다. 그래서 밤을 새우면서까지 작업을 잘 하지 않습니다. 하지만 논문 발표를 앞둔 시기에는 발표 기일에 쫓겨 어쩔 수 없이 밤을 새우는 일이 잦음에도 불구하고 집중력을 놓치지 않을 수 있었는데 그 모든 것이 바로 이 코티솔이라는 지원병 때문입니다. 평소 같으면 며칠을 몸살로 누웠을 텐데 그때는 논문 발표라는 거대한 스트레스에 직면해 스스로 코티솔이라는 지원병을 불러 어려운 논문 발표를 잘 마칠 수 있었습니다.

식사할 시간도 없이 바쁘게 업무를 보거나, 중요한 프로젝트 발표를 앞두고 있으면 스트레스로 인해 코티솔이 분비됩니다. 식사도 못 했지만 쓰러지지 않게 지켜주는 것이 바로 코티솔입니다. 코티솔이 체내에 남은 혈당을 최대한대로 효율적으로 쓰일 수 있게 도와주기 때문입니다. 마라토너들이 2시간을 쓰러지지 않고 뛸 수 있는 것도 그런 이유에서입니다.

몸살감기에 걸리거나 격렬한 운동 후에 온몸이 쑤시는 듯한 근육통은 누구나 한 번씩은 경험한 적이 있을 겁니다. 그것은 우리 몸 안에 엄청난 염증이 생겨 통증이 발생하는 것입니다. 그럴 때도 우리를 정상으로 최대한 빨리 돌려놔 주는 것이 스트레스를 받을 때 나오는 코티솔입니다. 유난히 감기나 근육통이 오래가는 사람들이 있는데 적절한 코티솔 분비가 이루어지지 않았기 때문입니다. 그 외에도 혈관, 피부, 근육 조직 건강에 긍정적인 영향을 미치는 것이 코티솔입니다.

여러분은 혹시 애디슨병이라고 들어 본 적이 있을까요? 영국의 토마스 애디슨(Thomas Addison)이라는 의사가 발견했다고 해서 붙여진 병명입니다. '지루성 화농성 중이염'으로 알려져 있는 피부 질환의 일종입니다. 이 질환에 걸린 사람은 스트레스를 받을 때 나와야 하는 코티솔이 분비되지 않는다고 합니다. 그럼 이런 질병에 걸리는 사람은 스트레스를 받으면 어떻게 될까요? 아니 스트레스를 받기는 할까요? 이런 환자는 스트레스에 대처할 만한 효과적인 인체 기전이 없어서 스트레스를 받게 되면 혈압이 떨어지면서 혈액 순환에 문제가 생겨 쇼크 상태가 온다고 합니다. 이처럼 코티솔은 외부의 스트레스로부터 우리를 지켜줄 수 있는 든든한 아군의 역할도 하고 있습니다.

하지만 문제는 코티솔이라는 지원병이 과도하게 많이 생성되게 되면 그때는 문제가 발생합니다.

코티솔이 과도하게 분비되는 상황은 어느 때일까요? 지나치게 장기간 스트레스를 받을 때입니다. 장기간 스트레스를 받게 되면 코티솔 분비가 과도하게 되고 과도한 코티솔 분비는 동맥경화, 피부 건조, 근육 감소 등에 직접적인 영향을 미치게 됩니다. 일시적인 코티솔 분비는 우리를 살게 하는 지원병이었다면 과도한 분비는 우리를 해치는 적군으로 돌변하는 호르몬이 코티솔입니다.

TV 드라마에서 충격적인 이야기를 듣고 뒷목을 잡고 쓰러지는 주인공, 오랜만에 만난 친구가 내 피부를 보며 "왜 이렇게 거칠어졌어?", 혹은 "왜 이렇게 말랐어"라고 말할 때가 바로 장기간 과도한 코티솔 분비가 일어났음을 의미하는 것입니다.

코티솔은 인체를 떠받치고 있는 뼈에도 영향을 미칩니다. 코티솔이 과도하게 분비되면 뼈에서 칼슘을 배출하는 작용을 촉진합니다. 칼슘 배출 촉진은 골밀도에 직접적인 영향을 미치고 뼈 건강에 위험 요소로 작용합니다. 중년 여성의 에스트로겐 호르몬 감소와 스트레스로 인한 코티솔 증가는 이들의 골밀도 감소에 복합적으로 영향을 미칩니다. 중년 여성의 골 건강을 위해 스트레스 관리가 더욱 필요합니다.

다시 한번 막다른 골목길에서 만난 큰 개를 예를 들어 볼까요? 만약 막다른 골목길에서 만난 동물이 큰 개가 아니고 우리를 먹이로 생각하고 있는 호랑이나 사자라고 가정해 봅시다. 인간은 이런 상황을 스트레스로 여기고 인체는 다양한 반응을 보이기 시작합니다. 그 반응에 가장 첨예(尖銳)하게 첨병(尖兵)으로 나서는 호르몬이 코티솔입니다. 이 코티솔로 인해 위험으로부터 도망칠 수도 있고 싸울 수도 있습니다. 그러니 코티솔의 적절한 활용이 스트레스를 극복하고 잘 관리하는 지름

길입니다. 여기서 중요한 점이 하나 있습니다. 코티솔이 분비되는 양이 하루 24시간을 기준으로 했을 때 시간대별로 달라야 합니다. [그림 5]와 같이 아침 기상 직후에는 코티솔 분비량이 높아야 하고 잠들기 직전이나 수면 중에는 분비량이 가장 적어야 합니다. 코티솔의 양이 생활 주기에 따라 변화가 있어야 긍정적인 상황이라고 할 수 있습니다. 코티솔 분비 주기에 이상이 생긴 사람들의 경우 코티솔 주기 변화의 폭이 작거나 거의 없습니다. 코티솔 수치가 올라가야 할 때 올라가지 않고 낮아야 할 때 낮아지지 않는다는 것입니다. 의학계에서는 이런 코티솔 수치 변화 폭이 없는 경우를 매우 위험한 신호로 보고 있습니다.

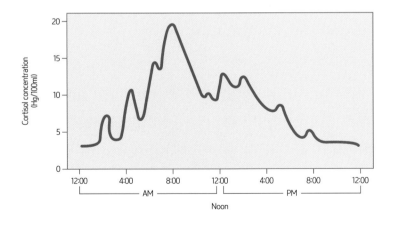

[그림 5] 코티솔 주기 변화

다시 말해 적당한 긴장감 혹은 스트레스로 인해 코티솔 수치의 변화가 적절하게 이루어지는 것이 우리 인체에는 더 좋다는 것을 의미합니다.

힘든 여정의 방패막이 아드레날린(Adrenaline)

부신에서 분비되는 아드레날린이라는 호르몬이 있습니다. 다양한 스트레스로부터 우리를 지키기 위해 나오는 지원병이라고 할 수 있습니다. 오토바이 스턴트, 스카이다이빙, 빙벽 오르기, 소방대원의 구조 활동 등을 할 때 몸에서 나오는 호르몬입니다. 여러분께 더 다가설 수 있는 예로, 격투기 시합에서 피를 흘리면서 경기하는 선수가 고통을 잊고 시합을 치르는 장면을 들 수 있습니다.

인체는 이런 상황을 심한 스트레스로 받아들이고 자신을 보호하고 지키기 위해서 지원병을 내보냅니다. 이 지원병은 우리의 심장을 더 강하게 뛰게 하고 뇌와 근육 사이의 연결감을 더욱 강하게 하여 근육이 이런 상황에 빨리 대처할 수 있도록 하게 합니다. 인간의 주 에너지원인 혈당량을 증가시켜 에너지 사용을 극대화하기도 합니다. 인간의 잠재력을 극대치로 올리는 결정적 역할을 하는 지원병이 바로 아드레날린입니다. 1895년 독일의 생리학자 테오도르로스체르(Teodor Roscher)가 발견하였는데, 에피네프린(Epinephrine)으로도 알려져 있습니다. 아드레날린은 스트레스로부터 우리를 지키기 위한 훌륭한 지원병입니다. 실제로 심장병 환자의 멈춘 심장을 다시 뛰게 하기 위해서 아드레날린이 함유된 의약품을 사용하는 것만 봐도 아드레날린이 우리 인체를 위해 얼마나 중요한 역할을 하는지 알 수 있습니다. 그런데 그런 호르몬이 우리가 스트레스를 받을 때 나온다니 매우 역설적입니다.

혈관 건강 바로미터 알도스테론(aldosterone)

너무 많은 스트레스를 받으면 우리 몸에서 '알도스테론'이라는 특별한 물질이 나옵니다. 이 물질은 신장 위에 있는 작은 기관인 부신에서 만들어지는데, 우리 몸에 필요한 물과 소금을 조절해서 혈압을 높이는 역할을 합니다. 그런데 스트레스를 너무 많이 받으면 이 알도스테론이 너무 많이 나와서 혈압이 높아지고, 심장이나 콩팥에 문제가 생길 수도 있습니다. 혈압을 낮추는 약은 알도스테론의 분비 작용을 상쇄시키는 원리로 만들어집니다. 오랜 기간 과한 스트레스에 따른 혈압 증가가 바로 이 알도스테론의 과한 분비에서 시작된다고 알려져 있습니다. 알도스테론의 과도한 분비는 전해질 균형과 정상적인 심장 박동에 결정적 영향을 미치는 칼륨 배설을 촉진합니다. 촉진된 칼륨 배설로 인해 체내 칼륨 농도가 떨어지면 정상적인 심장 박동을 저해하는 부정맥 등이 발생할 수 있습니다.

또한 심리적 스트레스 증가는 알도스테론 증가로 이어지고 나아가 산화 호르몬 증가, 혈관 장애, 염증 증가로도 이어집니다 (Kubzanskya and Adlera, 2010).

옥시토신(oxytocin)

옥시토신은 뇌의 시상하부에서 생성되어 뇌하수체를 통해 분비되는 호르몬이자 신경 전달 물질로, 주로 출산과 젖 분비를 돕는 역할로 잘 알려져 있습니다. 하지만 이 호르몬은 단순히 생리적 기능에 그치지 않고 심리적 스트레스 반응에도 중요한 역할을 합니다. 특히, 여성의 스트레스 반응에서 옥시토신이 핵심적인 역할을 한다는 점은 셸리 테일러(Shelley E. Taylor)의 연구를 통해 강조되었습니다.

테일러는 여성들이 스트레스 상황에서 보이는 보살핌-친구 되기 반응(Tend-and-Befriend)이 옥시토신 분비와 밀접하게 연관되어 있다고 설명합니다. 이는 남성들이 스트레스에 주로 투쟁-도피 반응(Fight-or-Flight)으로 대응하는 것과 대조적입니다. 여성들은 위협을 감지할 때 공격적이거나 도피하는 대신, 주변 사람들과 협력하고 관계를 강화하며 심리적 안정을 찾으려는 경향을 보입니다. 테일러는 이를 진화론적으로, 암컷이 자신의 새끼를 보호하고 사회적 연결망을 통해 생존

가능성을 높이기 위해 발달된 적응적 행동으로 해석했습니다.

옥시토신은 이러한 행동을 촉진하는 데 중요한 역할을 합니다. 스트레스를 받을 때 분비된 옥시토신은 신체적 긴장을 완화하고, 사회적 유대를 강화하며, 심리적 안정감을 제공하는 효과를 발휘합니다. 이는 현대 사회에서도 나타나며, 스트레스를 받은 여성들이 주위 사람들과 대화를 나누고 감정을 공유하며 관계를 회복하려는 행동으로 이어집니다.

흥미롭게도, 옥시토신은 단순히 스트레스 완화에 그치지 않고 사회적 신뢰와 친밀감을 높이는 데 기여합니다. 이는 사회적 지지와 상호 작용이 스트레스 관리에서 중요한 역할을 한다는 점을 뒷받침합니다. The Tending Instinct(2002)에서 테일러는 이러한 반응이 스트레스 상황에서 여성이 사회적 관계를 통해 심리적 안정을 찾는 과정을 잘 설명한다고 강조했습니다.

결론적으로, 옥시토신은 스트레스를 받을 때 나타나는 여성의 독특한 반응과 밀접하게 연결되어 있으며, 이 호르몬이 사회적 유대와 스트레스 관리의 중심에 있다는 점은 심리학적, 진화론적으로 중요한 시사점을 제공합니다.

뇌에 스트레스가 다가오면 뇌 안에서 어떤 변화가 어디에서 어떻게 일어나는지 주요 포인트를 짚어 봤습니다. 더 깊고 상세한 설명이 있을 수도 있겠지만 앞으로 이야기하게 될 스트레스와 관련이 매우 높다고 판단한 뇌 구조와 뇌에서 분비되는 신경 전달 물질 등에 대해서 알아보았습니다. 이번에는 스트레스와 인체 면역은 어떤 관련이 있는지 알아보겠습니다.

3-3

면역 시스템을 해킹하는 스트레스

스트레스가 심하거나 만성 스트레스에 시달리는 사람이 감기에 잘 걸린다는 얘기를 들어 본 적이 있나요? 스트레스와 감기, 스트레스와 면역은 무슨 관련이 있을까요? 우선 결론부터 얘기하면 면역계는 우리의 의식과 기분, 감정 등과 깊은 관련이 있습니다. 해외에서는 동일한 배우가 우울한 장면만 연기했을 때와 활기찬 장면만 연기했을 때 그 배우의 면역성에 차이가 난다는 보고가 있습니다. 장미꽃 알레르기가 있는 사람이 가짜 장미꽃을 보고 면역계가 발동한다는 100년도 더 된

이야기를 여러분은 어떻게 받아들이겠습니까? 이처럼 우리의 뇌가 반응하는 감정과 정서는 면역계에 영향을 미칩니다. 스트레스도 일종의 정서와 같은 감정의 일종입니다. 당연히 스트레스도 인체의 면역에 매우 큰 영향을 미칩니다.

스트레스는 백혈구의 일종인 림프구의 생산과 림프구의 활동을 억제합니다. 면역 반응의 둔화는 앞서 설명한 코티솔과 관련이 있습니다. 코티솔 분비는 림프구를 생산하는 흉선과 연관이 많습니다. 코티솔은 흉선 기능을 떨어트리고 기능이 떨어진 흉선은 인체의 면역 반응과 관련이 깊은 림프구에 부정적인 영향을 미칩니다. 이와 같은 스트레스와 면역 반응의 관계는 쥐를 통한 실험, 다른 척추동물을 통한 실험을 살펴봐도 알 수 있습니다. 스트레스와 면역 반응의 관련성은 열심히 공부하던 학창 시절, 피곤하고 수면이 부족한 상태에서 감기가 더 잘 걸렸던 경험을 통해서 알 수 있습니다. 또한 실제 실험 사례인 사회적 스트레스를 받은 그룹은 그렇지 않은 그룹에 비해 감기 바이러스 감염이 더 잘 된다는 사실을 통해서도 알 수 있습니다.

만성 스트레스 상황에 노출된 것과 같은 장기간 과도한 코티솔 노출은 면역 세포 활동 및 이동에 부정적인 영향을 미쳐 결국 면역 기능에 이상이 발생하게 됩니다. 장기간 스트레스에 노출되면 각종 질병에 걸리기 쉬운 이유가 바로 여기 있습니다.

국내 사망 원인 1위인 암과 스트레스의 관계는 어떨까요? 암세포를 찾아내는 대표적 면역세포인 NK세포도 스트레스에 오랫동안 노출되면 50% 가까이 감소하는 것으로 알려져 있습니다. 다양한 동물 실험에 따르면 스트레스로 인해 발생한 코티솔은 NK세포뿐만 아니라 종양 속의 혈관 생성을 촉진하여 종양의 성장을 유도하는 것으로도 알려져 있습니다. 이런 관계는 평온한 우리보다 시끄러운 우리에서 자란 쥐들에 배양된 암세포가 더 빠른 성장을 보인 것, 전기 충격과 같은 다양한 충격과 스트레스를 받은 실험용 쥐들의 암세포 종양 크기가 더 빠르게 커지는 실험을 통해 확인할 수 있습니다.

이런 기전에 대해 스탠포드대학교의 새폴스키(Roert M. Sapolsky)는 스트레스 반응에서 코티솔은 우리에게 더 많은 포도당 생성을 요구하고 실제로 혈류로 포도당을 보내는데, 그 이유는 혈류에 많아진 포도당이 좋은 곳에 쓰여야 하나 안타깝게도 암세포가 포도당을 흡수하여 암세포의 성장을 촉진하기 때문이라고 설명하고 있습니다. 반대로 스트레스를 관리해 주면 면역 기능은 어떻게 변화될까라는 문제에 있어서는 긍정적인 보고가 있습니다. 마이클 안토니(Michael Antoni, 1991) 등은 스트레스 관리 프로그램을 통해 HIV(human immunodeficiency virus, 인간 면역 결핍 바이러스)에 대항할 수 있는 면역 세포가 증가할 수 있음을 보고하였습니다.

인체의 장(腸)에서 활동하는 유익한 세균은 우리의 면역 체계와 매우 깊은 관련이 있습니다. 흔히 알고 있는 프로바이오틱스라는 유익한 세균은 인체 면역 반응 관련 지표에 긍정적인 영향을 미칩니다. 유익한 세균이 많이 포함된 요구르트나 프로바이오틱스 보조제를 섭취한 그룹과 그렇지 않은 그룹 간의 면역력 차이는 널리 알려진 사실입니다. 이러한 장내 유익한 세균 농도에 스트레스가 영향을 미칩니다. 즉 스트레스가 만성화되면 장내 유익 세균이 감소하여 다양한 면역 체계 이상을 일으킵니다. 얼마 전 국내에서 안타까운 소식이 있었습니다만, 전투기 조종사는 비행 훈련 중 고도의 스트레스 상황에 놓입니다. 그들의 스트레스 상황은 산화 스트레스, 체내 염증 증가 등이 나타나고 장내 미생물 균형이 깨트려져 조종사들을 다양한 면역성 질환에 노출시킵니다. 전투기 조종사는 물론 우리도 일상에서 스트레스를 받으면 배앓이하는 것을 그와 같은 맥락으로 볼 수 있습니다.

하지만 스트레스와 면역 시스템과의 관계에서 추가로 살펴볼 부분이 있습니다. 증가한 코티솔이 일시적으로 면역 시스템을 강화하기도 한다는 것입니다. 우리와 가까운 감기를 다시 한번 예를 들어 볼까요? 군대를 다녀온 독자들이라면 쉽게 이해할 수 있는 사례가 있습니다. 군기가 바짝 든 훈련병 시절이나 자대 배치를 금방 받은 신병 시절에는 그야말로 스트레스가 가득할 것입니다. 하지만 흔한 감기도 잘 걸리지 않습니다.

위에서 예를 들었던 학창 시절의 감기와 훈련병의 감기에는 어떤 차이가 있는 것일까요? 그것은 바로 우리가 잘 알고 있는 코티솔의 양면성 때문입니다. 단기적인 스트레스 증가에 있어 코티솔은 일시적으로 우리의 면역 체계를 강화합니다. 염증 반응을 억제하고 조절하기 위해 류머티즘 관절염, 아토피 피부염을 치료하는 데 인공 코티솔로 만든 약을 처방하는 것이 바로 그 이유에서입니다. 뒷장에서 추가 설명하겠지만 스트레스 유형에 따라 코티솔이 하는 기능과 역할도 다릅니다.

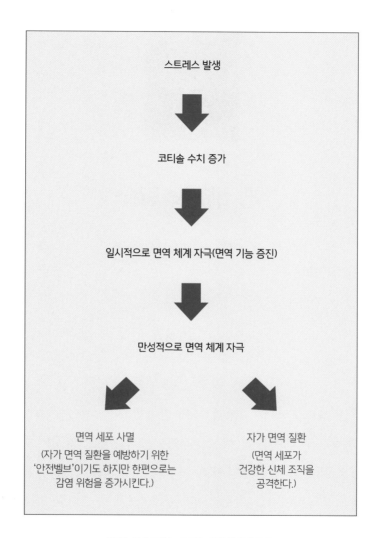

[그림 6] 스트레스, 코티솔, 면역 체계의 관계

3-4

비만 전령사 스트레스

　스트레스는 대사 과정과 매우 밀접한 관련이 있습니다. 대사 과정은 여러분들이 먹고 마시는 음식물을 소화시키고 에너지로 저장하거나 에너지로 전환하는 과정을 말합니다. 일상에서 우리가 먹는 쌀밥, 고기 등을 인체에 필요한 에너지로 전환하는 과정입니다. 이러한 에너지 대사 과정에 스트레스가 영향을 미칩니다. 인체가 스트레스라는 자극을 인식했을 때 우리는 위기 상황에 적합한 상태로 인체 시스템을 전환합니다. 그것을 항상성이라고 했습니다. 배가 고프면 식욕이 생기고, 배가 부르면 다음을 위해 영양소를 인체의 다양한 곳에 저장합니다. 이런 상황을 조율하는 호르몬이 바로 당질 코르티코이드라는 성분입니다. 당질 코르티코이드 계열의 호르몬은 부신에서 분비되는 호르몬이고 대표적 당질 코르티코이드는 코티솔, 아드레날린 등이 있습니다. 당질 코르티코이드는 일명 스트레스 호르몬이라고 알려져 있습니다. '당질'이라는 단어가 합성된 것은 이 호르몬들이 당 대사와 관련이 깊기 때문입니다.

이런 스트레스 호르몬들이 분비되면 인체 대사 과정에 다양한 변화가 일어납니다. 스트레스 호르몬은 우리 몸에서 당, 단백질, 지방 대사 과정에 결정적 역할을 하고 있습니다. 탄수화물 대사 과정에서 스트레스 호르몬이 하는 역할을 먼저 살펴보겠습니다. 우리가 식사 후, 소화된 탄수화물은 포도당으로 변환되어 세포에 흡수됩니다. 이때 췌장에서 분비된 인슐린으로 인해 포도당이 세포 내로 이동하여 그곳에서 에너지로 사용되거나, 간에 저장됩니다. 이런 포도당은 일상생활에서 우리 인체를 움직이게 하는 주 에너지원으로 사용됩니다. 하지만 스트레스 상황에서는 더 많은 탄수화물, 더 많은 포도당이 필요합니다. 이럴 때 활용되는 것이 당질 코르티코이드 계열 호르몬들입니다.

골목길에서 사나운 개가 나를 무섭게 쫓아 오는 상황을 가정해 볼까요? 이럴 때 우리는 젖 먹던 힘까지 동원해서 도망치고 개가 못 오는 곳으로 올라가야 할 것입니다. '젖 먹던 힘'의 의미는 체내에 모든 힘, 우리 몸에 남아 있는 한 방울의 에너지도 스트레스를 이기는 데 쓰겠다는 것을 뜻합니다. 실제로 초인적인 힘을 발휘해서 세상을 놀라게 하는 사연들 속에는 이런 스트레스 호르몬이 한몫하고 있는 것이죠. 스트레스 호르몬은 위급 상황에서 우리에게 더 많은 에너지를 공급해 위기 상황을 극복할 수 있게 해주는 원동력 역할을 하는 것입니다.

'더 많은 포도당이 필요한 스트레스 상황', '더 이상 쓸 수 있는 포도당이 남아 있지 않았을 때와 같은 위험 상황이다'라고 우리 인체가 판단하게 되면 스트레스 호르몬은 포도당 이외의 물질을 활용해서 새로운 포도당을 합성하는 과정에도 관여합니다. 이것을 포도당신생합성(gluconeogenesis)이라 하는데 아미노산, 지방 등의 비탄수화물을 활용하여 포도당을 합성하는 과정을 의미합니다. 재난과 같은 상황에서 음식물의 공급이 없이도 일정 기간 생명을 이어갈 수 있는 이유가 바로 이것 때문입니다. 우리 인체가 움직이고 활동하기 위해서 없어서는 안 되는 주 에너지원인 포도당을 관리하는 결정적 역할을 하는 호르몬이 바로 스트레스와 관련한 호르몬입니다.

스트레스와 에너지 대사 과정에서 여러분들이 중요하게 관심을 가져야 하는 부분은 다음입니다. 스트레스에 자주 노출되면 인체는 주 에너지원인 포도당을 너무 많이 사용하게 됩니다. 그래서 스트레스를 많이 받은 날은 쉽게 피곤하고 지치는 것입니다. 또 음식물 섭취가 원활하지 않은 상태에서 과도한 스트레스에 노출되는 것은 인체 근육 속 단백질로도 주 에너지원인 당질을 만들어야 하는 상황이 생기게 때문에 근육량까지 줄어드는 현상이 생기기도 합니다. 나아가서 만성 스트레스는 우리 인체를 늘 포도당이 넉넉히 상주하기를 원하는 체질로 변화시킵니다. 그렇게 변한 체질은 어떻게 될까요? 과도한 음식을 섭취하게 되고 결국 비만으로 연결됩니다. 스트레스가 나타나는 초기에는 체중이 감소하다가도 그 스트레스가 만성으로 변하면 폭식으로 이어지기 쉬운 생활 습관으로 바뀌고 결국 과체중, 비만으로 연결되는 것입니다.

하지만 스트레스 호르몬 수치가 정상임에도 비만과 과체중인 경우가 있습니다.

이것은 최근 연구에 의해 밝혀진 HDS(11-β-히드록스테로이드 타입 1 효소, 11-beta-hydroxysteroid dehy-drogenase type 1 enzyme)라는 지방 저장 효소 때문입니다.

'물만 먹어도 살이 찌는 체질' 얘기를 들어봤을 것입니다. 이렇게 남들보다 적게 먹어도 살이 찌는 것에 영향을 미치는 효소가 바로 'HDS'입니다.

비만, 과체중과 관련이 깊은 대표적인 스트레스 호르몬인 코티솔은 활성 상태와 비활성 상태 두 가지로 존재합니다. 활성 상태로 있는 코티솔은 간, 지방세포, 부신 등에 존재합니다. 하지만 이런 활성 상태 코티솔은 1/3에 불과합니다. 여기서 더 중요한 것은 2/3에 해당하는 비활성 상태로 있는 코티솔입니다. 좀 더 쉽게 풀어 이야기하자면 코티솔은 활동을 하는 것과 활동을 하지 않는 것 2가지 형태로 존재한다는 이야기입니다.

그런데 문제는 가만히 잠자고 있는 비활성 코티솔을 누군가가 활성화 상태로 전환시킨다는 것입니다. 그 누군가가 바로 HDS라는 지방 저장 효소입니다. HDS에 의해 활동하기 시작하게 되는 코티솔은 더더욱 체지방 축적에 열일을 하게 됩니다. 물만 먹어도 살이 찌는 체질을 가진 사람들은 HDS를 많이 가지고 있고, 그 HDS는 코티솔을 분비하고 분비된 코티솔은 체지방을 더욱 쌓이게 하는 악순환으로 이어지는 것입니다.

또 문제의 HDS는 나이가 들어감에 따라 더 활성화한다고 알려져 있습니다. 그래서 나이가 들어갈수록 살이 쉽게 체질로 바뀌는 것입니다. 인체 곳곳에 숨어 있는 스트레스 호르몬을 잠 깨우는 기능이 있는 HDS 효소 또한 스트레스와 대사 과정을 이해하는 데 매우 중요합니다.

에너지 대사를 이야기하는 데 인슐린이 빠질 수 없습니다. 인슐린은 혈액의 포도당을 각각의 세포로 골고루 분배하는 역할을 하는 호르몬입니다. 그런데 이 인슐린이 스트레스에 매우 민감하게 반응합니다. 인슐린에 이상이 있는 당뇨 환자들에게 스트레스는 혈당 조절 이상의 기폭제 역할을 합니다. 당뇨 환자들에게 스트레스 상황을 노출하고 그들의 혈당 반응을 본 연구에 따르면 스트레스 반응이 클수록 혈당 수준이 높다는 연구 결과도 있습니다. 스트레스는 세포가 인슐린에 대한 반응을 하지 못하도록 세포에 스트레스를 준다고 알려져 있습니다. 이런 기전들이 스트레스로 인한 당뇨병 증가를 초래합니다. 스트레스가 인슐린 저항성을 높이는 것입니다. 결론적으로 스트레스로 인한 높은 인슐린 저항성은 각각의 세포로 들어가서 에너지로 사용되어야 하는 혈당이 들어가지 못하는 현상이 벌어져 비만과 대사증후군으로 연결될 수 있습니다.

스트레스를 받으면 단순히 호르몬 변화만 일어나는 것이

아닙니다. 우리의 식습관 자체가 바뀌는 것이 더 큰 문제입니다. 연구에 따르면 스트레스 상태에서는 평소보다 탄수화물과 당분이 많은 음식을 더 찾게 됩니다. 이는 스트레스 반응을 조절하는 호르몬이 빠르게 사용할 수 있는 에너지를 원하기 때문입니다. 문제는 이런 식습관이 반복되면 혈당의 급격한 변동과 인슐린 저항성 증가를 유발한다는 점입니다. 스트레스를 받을 때마다 단 음식을 찾는 습관이 생기면, 췌장은 지속적으로 인슐린을 분비하게 되고 결국 세포가 인슐린에 둔감해지는 상태, 즉 인슐린 저항성이 발생합니다. 인슐린 저항성이 생기면 혈중 포도당이 효과적으로 사용되지 못하고 지방으로 전환되어 축적되기 쉬워집니다.

또한, 스트레스는 식사 패턴을 불규칙하게 만들고, 늦은 저녁 폭식을 유발합니다. 특히 야식으로 섭취한 음식은 신체 활동이 적은 밤 시간 동안 체내 지방으로 쉽게 저장되므로, 스트레스성 폭식이 만성화될 경우 비만으로 이어지는 악순환이 발생합니다.

이러한 과정을 막기 위해서는 스트레스 상황에서 단순히 즉각적인 만족감을 주는 음식(패스트푸드, 단 음식 등)에 의존하기보다, 포만감을 오래 유지할 수 있는 단백질과 식이섬유

중심의 식단을 선택하는 것이 필요합니다. 또한, 규칙적인 식사와 적절한 운동이 인슐린 저항성을 개선하고 스트레스로 인한 체중 증가를 예방하는 핵심 전략입니다.

04

마음이 이야기하는 스트레스

이 사진은 착시를 이해하기 위해 사용되는 유명한 사진입니다. 여러분은 위 사진에 무엇이 보이나요? 소녀 혹은 할머니? 뭐가 제일 먼저 보이나요? 스트레스도 이처럼 어떻게 바라보는가에 따라 우리 마음에 다양한 형태로 영향을 미칠 수 있습니다. 이 장에서는 잘못 구성된 스트레스가 어떤 형태로 우리 마음에 자리 잡고 있는지와 저자가 속한 연구소에서 실시했던 설문 조사 내용을 바탕으로 한국인이 느끼는 스트레스 심리에는 어떤 요소가 있는지 알아보겠습니다.

4-1

자라 보고 놀란 가슴 솥뚜껑 보고 놀란다

심리학에는 구성주의(Constructivism)라는 분야가 있습니다. 구성주의 학자들은 지식이 개인의 경험, 사회적 상호 작용, 다양한 맥락 속에서 구성된다고 주장합니다. 학습자들이 스스로 지식을 구성하는 과정을 강조하며, 지식은 고정된 것이 아니라 학습자에 의해 주체적으로 만들어진다는 관점을 취합니다. 따라서, 구성주의에서는 지식이 객관적인 진리가 아니라 각자의 경험과 인식에 따라 달라질 수 있다고 보는 입장을 취하고 있습니다.

쉽게 말해 구성주의는 같은 상황이라도 각자의 경험에 따라 그 상황을 다르게 해석하게 된다는 내용이 핵심입니다.

예를 들면 롤러코스터를 처음 타는 사람과 여러 번 타본 사람의 심리적 상태 차이, 비행기를 처음 타는 어린이와 여러 번 타본 성인과의 심리적 차이, 자라 보고 놀란 경험이 있는 사람이 솥뚜껑을 보고 놀라는 상황 같은 경우가 구성주의를 이해하기 좋은 사례입니다.

구성주의는 사람들이 경험을 통해 지식을 형성하고, 그 지식을 바탕으로 새로운 상황을 해석한다는 이론입니다. 이 속담에서 '자라'라는 위험한 경험(자라에 놀란 경험)이 사전 경험으로 작용하여, 비슷한 모양의 '솥뚜껑'을 보고도 과도한 경계를 하거나 놀라는 반응을 일으킨 것입니다.

구체적으로 보면, 과거에 자라를 보고 놀란 사람은 그 경험을 통해 '위험'이나 '두려움'이라는 감정을 학습하고, 이 경험이 그의 지식 체계에 추가되었습니다. 이후 이 사람은 자라와 비슷한 모양의 물체(솥뚜껑)를 보자마자 그 사전 경험을 떠올리고, 그에 따라 동일한 감정적 반응(놀람)을 하게 되는 것입니다. 구성주의적 관점에서는, 이 반응을 단순히 자극-반응의 기계적 결과가 아니라, 그 사람이 이전 경험을 바탕으로 의미를 재구성하고 있는 것이라고 봅니다.

기계적인 결과가 나타나지 않는 이유는 구성주의로 설명할 수 있는 사람 특유의 정보 처리 과정이 있기 때문입니다. 사람은 외부로부터 정보를 수집하고 그 정보에 의미를 부여하고 부여된 의미에 따라 반응 양상이 다르게 나타납니다. 이런 구성주의 특징을 스트레스 영역으로 가지고 오면 스트레스를 바라보는 시선에 따라 다양한 접근이 가능하다는 것을 엿볼 수 있습니다.

'월드컵 결승전 승부차기 마지막 상황', '맨손으로 고층빌딩을 오르는 등반가', '42.195km를 달리는 숨막히는 마라토너', '공부하라는 부모님의 꾸중 소리', '회사 내 무한 경쟁'등 누군가에게는 엄청난 스트레스일 것이고 누군가에게는 그 어떤 세상에도 없는 긍정적인 자극제로 작용하는 건 바로 구성주의가 영향을 미친 것입니다.

이렇듯 스트레스와 건강한 자극은 종이 한 장 차이일 수 있습니다. 다음 장은 스트레스가 우리 마음에 잘못 구성될 때 나타나는 몇 가지 심리적 특질에 대해 알아보겠습니다.

4-2

스트레스가 만든 심리적 함정

스트레스를 우리의 머릿속에 잘못된 방향으로 구성하면 스트레스는 우리의 마음속 곳곳에 다양한 문제를 일으킵니다. 그러면 스트레스가 현대인들에게 미치는 주요 심리 상태에 대해서 알아보겠습니다.

과민 반응

과민 반응은 특정 자극에 불필요하고 민감하게 반응하는 것을 말합니다. 이는 신체적 반응(두통, 가슴 두근거림 등) 또는 정서적 반응(불안, 분노 등)으로 나타날 수 있습니다. 스트레스를 많이 받는 사람일수록 작은 자극에도 쉽게 화를 내거나 감정적으로 폭발합니다. 과민 반응에 스트레스가 더욱 누적되면 뇌의 신경계가 과부하 상태가 되어 작은 자극에도 민감하게 반응을 보이게 됩니다.

뒷부분에 추가로 설명하겠지만 간략히 설명하면 다음과 같습니다. 뇌가 인식하기에는 스트레스는 말 그대로 죽느냐 사느냐의 문제로 인식할 수 있습니다. 그런 상황에서 살아남기 위해 우리 DNA에 각인되어 있는 전시(戰時) 체제 시스템이 가동됩니다. 여러분들도 한 번 정도는 들어 봤을 법한 항상성이라는 개념이 우리 인체에는 전시(戰時) 체제 시스템이라고 보면 됩니다.

상처가 생기고 피가 나면 피를 멈추게 하기 위해 혈액 응고 세포가 활동하고, 몸에 체온이 올라가면 체온을 내리기 위해 땀이 흐르고, 추우면 피부 면적을 줄이기 위해 소름이 돋거나 열을 내기 위해 몸이 떨리는 현상 등이 바로 항상성이라는 개념과 연결이 됩니다.

스트레스에 의한 항상성은 과민 반응으로 나타납니다. 다시 말해 뇌는 사소한 스트레스도 위험한 상황이라고 인식하고 다양한 항상성 반응을 보입니다. 그것이 바로 과민 반응입니다. 예를 들어 평상시와 별반 다를 것 없는 작은 소리인데 유난히 귀에 거슬릴 때가 있습니다. 그런데 스트레스를 받으면 뇌는 지금 이 상황이 굉장히 위험한 상황일 수도 있겠다고 판단해 온 감각을 곤두세우고 그 소리에 집중하게 되는 것이죠. 그래서 평소와 다르게 특정 소리가 굉장히 예민하게 다가온다는 느낌이 있을 땐 여러분들이 스트레스를 잘못 구성하고 있다고 판단하면 됩니다. 스트레스를 느낄 때는 작은 소리 하나도 나를 해치러 오는 맹수의 발길이라고 느낄 수가 있습니다.

또 하나 스트레스를 우리 안에 잘못 구성하면 우리 뇌의 전두엽의 기능을 약화시킵니다. 전두엽이라고 하면 이성적 판단, 감정 조절, 자제력 등을 담당하는 부위입니다. 막다른 골목에서 맹수를 만나면 우리는 이것저것 따질 여유 없이 피해야만 합니다. 이것저것 따질 때 필요한 것이 전두엽입니다. 그래서 스트레스에 장기간 노출이 되면 전두엽 기능이 약화되고 생존에 필요한 뇌 기능만 활성화되는 것입니다. 이것저것 따지는 뇌 기능의 역할 저하는 주변의 작은 자극에도 쉽게 화를 내게 되고, 감정 조절에 문제를 일으키며 과민 반응을 일으키게 되는 것입니다.

교통 체증이 심한 출퇴근 도로 상황에서 스트레스를 느끼고 있는 운전자가 작은 상황에도 쉽게 화를 내는 경우가 딱 이 경우의 적절한 사례입니다. 발 디딜 틈 없는 출근길 지하철을 경험해 본 분이라면 만원 지하철이 얼마나 많은 스트레스를 유발하는지 잘 아실 겁니다. 만원 지하철의 우리 뇌는 그 상황을 굉장히 위험한 상황으로 인식해 초절정의 예민함을 보이게 됩니다. 그래서 옆 사람이 조금만 불필요한 접촉을 해와도 우리는 화가 나거나 짜증 정서가 일어나게 되는 것입니다.

평상시에는 별것 아닌 것 같은 소리나 접촉에 우리가 과민 반응을 보이게 된다면 우리는 십중팔구 잘못된 스트레스 구성을 하고 있을 가능성이 높습니다.

부정적 사고 패턴 강화

부정적 사고 패턴 형성에서 인지 왜곡(Cognitive Distortions)이라는 용어가 있습니다. 미국 정신과 의사인 에런 벡(Aaron Beck)은 인지 왜곡에 대한 개념을 정립한 인지적 왜곡의 효시로 불리고 있는데, 그는 우울감, 불안감 등의 심리적 문제점 등은 현실을 왜곡하고 비이성적으로 판단한 인지적 왜곡에서 시작한다고 하였습니다. 그만큼 인지적 왜곡은 개인에게 심각한 심리적 문제를 일으킬 수 있습니다.

좀 더 구체적으로 인지적 왜곡은 흑백 논리, 과잉 일반화, 지나친 개인화 등의 문제를 야기합니다.

대학에서 학생들을 가르치다 보면 성적에 굉장히 예민해하는 친구들이 있습니다. 전 과목 'A'를 받아야 그 학기는 성공했다고 인식하는 학생들입니다. 본인이 수강하는 과목 중 한 과목이라도 'B'를 받는 날이면 그 학기는 완전 실패라 여기고 오랜 시간 우울감과 실패감에 젖어 헤어 나오지 못하는 학생이 있습니다. 이런 학생들은 십중팔구 여러 스트레스 요인에 잠식당해 상당한 스트레스를 받고 있을 가능성이 높습니다. 이런 경우가 대표적 흑백 논리 인지 왜곡이라 할 수 있습니다.

과잉 일반화의 사례는 다음과 같습니다. 직장에서 다양한 프로젝트 과제가 많이 있습니다. 앞서 제가 진행했던 설문 조사에서도 업무에 대한 지나친 중압감으로 인해 많은 스트레스를 받는 것을 확인할 수 있었습니다만 직장인들이 발표 프로젝트나 보고서 제출에 있어 한두 번 실수를 한 것을 가지고 자기 자신을 비하해 자존감을 떨어뜨리는 인지적 구성을 하는 경우를 흔하게 볼 수 있습니다. 그런 경우도 스트레스로 인한 인지적 왜곡이라 할 수 있으며 특히 과잉 일반화의 사례로 볼 수 있습니다.

지나친 개인화는 팀프로젝트나 팀별 수행에 있어 실패한 원인을 모두 나 자신에게 돌리게 되는 인지 왜곡을 말합니다. 전 세계인들에게 큰 아픔을 남겼던 9·11 테러 사건이 있습니다. 그런데 여기서도 지나친 개인화가 문제가 되었습니다. 고통을 받으며 죽어가는 사람들을 지켜보며 가까스로 목숨을 건진 생존자들은 현장의 희생자를 못 구한 것을 본인 탓으로 여겨 아주 오랜 기간 정신적 문제를 일으켰습니다. 이것을 지나친 개인화에 따른 문제로 볼 수 있습니다. 9·11 테러 같은 엄청난 스트레스 요인은 우리에게 심리적, 정신적으로 많은 문제를 야기합니다. 특히 모든 문제를 자신에게 돌리는 개인화의 문제로 개인을 병들게 합니다.

이처럼 스트레스를 잘못 구성하게 되면 스트레스에 의해 상황에 대한 원인과 결과를 잘못 연결하는 인지 왜곡이 일어나고 일어난 인지 왜곡은 우리의 심리 상태에 매우 부정적인 결과를 초래합니다. 나아가 왜곡은 현재 본인한테 일어나는 일을 직시하지 못하게 만들기 때문에 많은 문제를 발생시킵니다.

결정력 저하

그릇된 방향으로 우리 안에 구성된 스트레스는 우리의 에너지를 쉽게 고갈시킵니다. 스트레스 상황을 위기 상황으로 인식한 인체는 에너지를 덜 고갈시키기 위해 에너지 사용에 매우 신중한 선택을 합니다. 에너지 사용 효율성이 타 기관에 비해 매우 떨어지는 뇌의 에너지 사용 특수성에 스트레스는 더 안 좋은 환경을 제공합니다. 에너지 사용 측면에서 스트레스는 뇌의 올바른 선택을 가로막습니다.

스트레스는 편도체를 활성화합니다. 편도체는 부정적 감정을 먼저 지각하는 뇌 영역입니다. 부정적 감정이 먼저 뇌 안에 자리 잡게 되면 고차원의 이성적 판단을 해야 하는 뇌의 인지 능력은 저하되게 됩니다. 저하된 인지 능력은 곧장 선택의 피로감을 불러오게 됩니다. 선택의 피로감에 젖은 뇌는 결국 결정 회피 경향과 결정의 질 저하를 유발합니다. 과도하고 잘못 구성된 스트레스는 외부 정보를 무시하고 비체계적 과정을 거쳐 잘못된 행동 편향까지도 불러옵니다. 평소 위험 회피 성향이 있는 사람은 더욱 보수적 선택을 하게 되고, 위험 추구 성향이 있는 사람은 더 위험한 선택을 하기도 합니다(Porcelli & Delgrado, 2009).

일반적으로 뇌는 우리 체중의 약 2% 정도를 차지합니다. 그런데 에너지 사용량은 20% 정도를 사용합니다. 가성비가 너무 떨어지는 인체 기관입니다. 가성비가 떨어지는 우리의 뇌가 하루에 몇 번 정도의 선택의 기로에 서게 될까요?

'오늘 점심은 무엇을 먹을지', '어떤 옷을 입을지', '어떤 커피를 마실지', '어떤 단어를 선택할지', '버스를 타면 어디에 앉을지'와 같은 사소한 선택에서부터 매우 중요하고 다양한 고민에 이르기까지 약 35,000번 정도의 선택의 기로를 맞는다고 합니다. 이런 모든 상황에서 우리 뇌는 에너지를 사용하고 있는 것입니다.

그래서 우리 뇌는 에너지 사용에 있어 진화를 합니다. 인지 사고 시스템을 이원화하여 사용합니다. 인지 사고 시스템 첫 번째는 시스템 1(빠른 사고, 직관적 사고), 두 번째는 시스템 2(느린 사고, 고차원 사고)라고 합니다. 데니얼 카너먼(Daniel Kahneman)이 제시한 개념으로 뇌의 에너지 효율을 높이기 위해 별다른 의식 없이 직관적으로 선택을 해야 할 때는 에너지 사용량이 상대적으로 적은 시스템 1을 사용하게 됩니다. 예를 들어 도로를 횡단하다 빨간 신호를 보면 별다른 의식 없이 멈추게 되는 것도 시스템 1에 의한 선택입니다.

시스템 2는 고차원의 계산이라든지, 복잡한 인과관계를 따지는 사고에서 사용되는 인지 사고 시스템입니다. 그런데 문제는 과도한 스트레스가 시스템 1, 2에 사용처 혼선을 가져온다는 것입니다. 현재 엄청난 스트레스로 에너지 과부하에 직면한 상태라면 당연히 에너지가 적게 소모되는 시스템 1에 의지해 상황을 판단하게 됩니다. 만약 하루에 35,000번의 선택을 하는 우리가 계속해서 에너지 소비가 많은 시스템 2만 사용하면 우리의 에너지는 금방 고갈될 것입니다.

에너지 사용 가성비 측면에서는 매우 뛰어난 시스템 1이지만 이 시스템의 가장 큰 맹점은 신중한 선택을 해야 하는 상황에서 시스템 1이 작동되면 오류가 많아진다는 것입니다. 예를 들어 제가 여러분께 심리학에서 사용되는 유명한 퀴즈를 한번 내보겠습니다.

야구 방망이의 가격은 야구공보다 1달러가 비쌉니다. 야구 방망이와
야구공 가격의 합은 1달러 10센트입니다. 각각의 가격은 얼마일까요?

스트레스를 많이 받은 독자는 뇌의 에너지 사용을 아끼기
위해 시스템 1을 사용할 가능성이 높을 것입니다. 그 결과 야
구 방망이는 1달러, 야구공은 10센트라고 대답했을 거라 예상
됩니다. 제가 학교에서 학생들에게 이 물음을 던져 보아도 처
음에는 대부분 오답을 말하였습니다.

하지만 조금 더 고민하고 시스템 2의 인지 사고 시스템을
활용하면 야구 방망이는 1달러 5센트이고 야구공은 5센트라
는 것을 알 수 있습니다.

왜 그런지 지금부터 자세히 살펴보겠습니다.
두 물건에서 골프공의 가격을 x 달러, 골프채의 가격을 y
달러라 하겠습니다.
그러면 다음과 같은 식을 세울 수 있습니다.
$x + y = 1.10$
$y - x = 1$

두 식을 더하면 2y = 2.10이 되므로

y = 1.05

y = 1.05 달러를 얻습니다.

그리고 x + 1.05 = 1.10이므로

x = 0.05 달러가 됩니다.

간단한 수학 문제에서도 입증된 바와 같이, 잘못 구성된 스트레스 상황은 이와 같은 잘못된 선택을 하기 쉽게 합니다. 만약 이런 재미 삼아 해보는 퀴즈 상황이 아닌 국가의 안위가 달린 중요한 선택이라든지, 개인의 위험과 직결되는 선택적 상황에서 시스템 1이 작용되는 것이라면 어땠을까 상상해 보시기 바랍니다.

선택의 기로에 서서 선택의 어려움을 표현한 너무나도 유명한 '햄릿의 죽느냐 사느냐'도 결국 햄릿의 아버지를 살해한 원수이자, 그 원수와 재혼한 어머니에 대한 증오심에서 비롯된 내적 갈등과 그로 인한 스트레스가 결정력을 떨어뜨렸습니다. 최근 국내에서 큰 정치적 이슈가 있었는데 그 부분도 지나친 스트레스 혹은 잘못 구성된 스트레스로 인한 결과일 가능성이 높습니다.

무기력

심리학자가 실험한 유명한 실험 얘기로 시작해 보겠습니다. 일반 쥐보다 더 생명력이 강하다는 들쥐를 대상으로 한 실험입니다. 들쥐들을 물통에 넣고 물속에서 수영을 시키면 보통 60시간 정도 수영을 하다가 익사하는 게 보통이라고 합니다. 하지만 어떤 들쥐들은 일반적인 시간보다 훨씬 일찍 익사하고 또 어떤 들쥐들은 60시간보다 더 오래 버티는 것이었습니다. 각각의 들쥐들은 어떤 차이가 있었을까요?

이 장의 제목이 무기력이니 무기력한 쥐가 일찍 익사했다고 예상할 수 있을 겁니다. 맞습니다. 여러분의 예상대로 무기력한 들쥐들이 일찍 익사하였습니다. 위 실험은 심리학자 리히터(C. P. Richter, 1957)의 실험입니다. 리히터는 들쥐를 물통에 빠트리기 전에 특정 들쥐들은 손에 한 번 꽉 쥐었다가 물통에 빠트렸는데 손에 꽉 쥠을 당했던 들쥐들은 그 순간에 자신의 무기력을 인지하고 삶을 체념하기에 이른 것이었습니다. 체념한 들쥐들은 물통에 들어가서 보통의 시간보다 훨씬 일찍 익사한 것입니다. 한편 오래 산 들쥐들은 어떤 들쥐들이었을까요?

리히터는 이번에 들쥐가 거의 포기하려는 순간에 잠시 구조하여 물 밖으로 꺼내어 휴식을 취하게 한 뒤 다시 물에 넣었습니다. 이 경우, 들쥐들은 일반적인 60시간보다 수 시간에서 수십 시간까지 더 헤엄을 치며 버텼습니다. 잠시라도 구조된 들쥐들은 어떤 심리를 맛보았을까요? 그 들쥐들은 구조되어 다시 살 수 있을지도 모른다는 희망과 긍정성, 낙관을 맛보았습니다. 리히터의 이 실험은 인간의 무기력과 관련하여 심리학 이론을 세웠던 실험 내용입니다. 무기력은 이처럼 한 객체의 생과사를 가를 만큼 중요한 심리적 특성입니다. 우리 안에서 잘못된 각인된 스트레스는 우리에게 엄청난 무기력을 안깁니다.

여러분들도 한 번 정도는 들어 봤을 법한 스트레스가 무기력을 야기한다는 또 하나의 유명한 동물 실험이 있습니다. 동물 우리에 개를 가둬 놓고 전기 충격을 가합니다. 물론 도망가려고 해도 도망갈 수가 없었습니다. 이런 상황을 경험한 개들은 도망가려고 마음을 먹으면 도망갈 수 있는 형태의 동물 우리에서 전기 충격을 줘도 역시나 도망을 가지 못하고 가만히 있습니다. 이것이 무기력의 무서운 점이고 학습되기에 무기력이 해결되기 어렵다고 하는 것입니다.

들쥐와 전기 충격을 받는 개들의 상황과 우리가 다양한 요소에서 다양한 스트레스를 받는 상황과는 매우 닮은 점이 많습니다. 직장 상사로부터 받는 스트레스는 그냥 스트레스가 아니라 누군가가 우리에게 가하는 전기 충격 같은 것이라 할 수 있습니다.

실제 사람 대상 연구에서도 통제할 수 없는 스트레스는 개인의 무력감과 매우 깊은 관련이 있다는 연구 결과가 다양하게 보고되고 있습니다. 그만큼 통제할 수 없는 스트레스는 우리를 무력하게 만듭니다.

스트레스가 무기력에 미치는 기전은 다양하게 설명될 수 있습니다. 여러 번 강조된 전두엽의 중요성, 그리고 그 전두엽의 활성화를 가로막는 스트레스로 인한 고차원적인 인지 저하, 희망 정서의 감소, 긍정 동기의 약화가 그 기전입니다.

특히 인지된 스트레스가 통제 불가능하다는 인식은 우리를 무기력의 함정에 빠트리기에 딱 좋은 아이템입니다. 자기가 어찌할 수 없기에 이럴 수밖에 없다는 무력감은 통제되지 못한 스트레스가 결정적 귀인입니다.

번-아웃 증후군(burn-out syndrome)

스포츠 심리학에서 자주 등장하는 심리 관련 용어 중 하나로 번-아웃 증후군, 번-아웃 신드롬이라는 용어가 있습니다. 운동선수들이 종종 겪는 증세 중 하나입니다.

운동선수들에게 번-아웃 증후군이 나타나는 주요 원인으로는 높은 목표와 기대감 속에서 선수가 견뎌야 하는 여러 가지 스트레스가 원인으로 꼽히고 있습니다. 일정 수준 이상의 결과를 내야 하고 보여 줘야 한다는 압박감 및 스트레스가 선수들에게 번-아웃을 야기합니다.

번-아웃 신드롬은 그동안에는 즐겁고 흥미롭게 해 오던 일이 어느 날 갑자기 재미가 없어지고 흥미가 사라지고 그 일과 관련된 모든 일이 싫어지는 가치관의 변화가 생긴 심리적 상황을 말합니다. 운동선수가 어느 날 갑자기 실력 향상이 되지 않는 상황을 고원 현상(Plateau Effect)이라 하고, 이유 없이 기량이 저하되는 현상을 슬럼프(slump)라 합니다. 번-아웃은 이와는 성격이 많이 다릅니다. 번-아웃은 단순히 실력 향상이 안 되고 저하되는 문제가 아니라 해당 영역 자체가 싫어지는 것입니다.

예를 들어 잘 나가던 축구선수가 어느 날 갑자기 축구도 싫고 축구장도 싫고 축구공도 싫어지고 유니폼도 싫어서 갖다 버리는 일까지 생기는 현상을 번-아웃 증후군이라고 합니다.

스포츠 상황이 아니더라도 번-아웃은 개인에게 엄청난 부정적인 영향을 미칩니다. 세계보건기구(WHO)는 번-아웃을 질병으로 분류시키면서 국가 및 국민 경제, 그리고 공중 보건에 심각한 영향을 미칠 수 있다고 하였습니다.

WHO도 걱정하고 있는 번-아웃 증후군의 가장 큰 원인은 스트레스입니다. 스트레스에 대한 개인의 반응이 점차적으로 내적으로 확산되어 만성화되고 건강에 이상을 초래하는 번-아웃에 빠지게 되는 것입니다.

주위의 지나친 기대에 따른 스트레스, 너무 과한 목표에 따른 스트레스, 자신의 효능감 저하에 따른 스트레스, '과연 해낼 수 있을까?'와 같은 의구심 등에 따른 만성 스트레스가 번-아웃에 이르게 합니다.

몇 해 전 국내에서 사회적 이슈가 되었던 초등학교 선생님의 안타까운 극단적 선택도 스트레스에 따른 효능감 저하와

번-아웃이 크게 작용한 것입니다. 스페인에서는 중학교 교사 274명을 대상으로 약 1년여에 걸친 교사 번-아웃 연구가 있었습니다. 이들 연구에 따르면 교사들의 효능감, 즉 다양한 외부 스트레스 요인에 의해 교직 역할에 대한 교사들 스스로의 믿음이 깨지는 순간 교사들은 번-아웃에 빠지게 된다고 하였습니다. 이들은 스트레스에 따른 개인의 효능감 저하가 미래의 번-아웃도 예측할 수 있다고 주장합니다.

운동선수도 학생을 가르치는 교사들도 그 누구도 갖가지 스트레스를 피할 수는 없으며 그에 따른 번-아웃도 피해 갈 수는 없을 것입니다.

우리가 스트레스에 대해 더 많이 알고 공부해야 하는 이유가 바로 거기에 있습니다. 다음 장에서는 저자가 실시했던 설문조사를 바탕으로 한국인들이 느끼는 스트레스 안에 내재된 다양한 심리적 속성을 알아보겠습니다.

K-stress 심리

이번에는 한국인이 생각하고 있는 스트레스의 원인과 그들이 내렸던 스트레스 정의를 통해 K-stress에 내포된 심리적 속성에 대해서 알아보겠습니다.

가장 많이 나타난 심리적 속성은 중압감(15.7%)이었습니다. 그다음으로는 정서적 화(15.2%), 부정적 긴장감(14.3%), 무력감(13.8%), 불편감(11.9%), 비자율 집착감(10.5%), 혐오감(7.6%), 괴리감(4.3%) 등의 순으로 나타났습니다.

상대적으로 빈도 비율이 가장 높았던 중압감(pressure)을 좀 더 자세히 들여다보면 '해결할 수 없는 일을 해야만 하는 상황일 때', '빚으로 인한 생활자금 압박을 받을 때', '고민해도 풀리지 않은 일에 직면했을 때' 등이 구체적 예입니다.

한국인들은 개인이 맡은 막중한 책임과 주변의 기대로 심리적 부담을 느끼고 있었습니다. 개인의 능력을 넘어선 업무수행 상황에서 시간에 쫓기면서 심한 압박감을 느꼈습니다. 또한 자신에게 높은 기준을 적용해 계속해서 스트레스에 노출하는 악순환의 고리 안에 있었습니다. 주변의 높은 기대, 막중한 책임, 개인이 가진 능력 이상 업무 요구, 완벽주의 성향 등에 중압감을 느껴 나아가 실패에 대한 두려움까지 연결되고 있었습니다.

두 번째로 화(火, anger)라는 정서 심리가 있었습니다. '감정적으로 화가 치밀어 오를 때', '짜증이 나서 힘들 때', '정서적으로 굉장히 불쾌할 때'등으로 표현되었던 화의 심리가 있었습니다.

화는 사람에게 다양한 심리적 및 생리적 영향을 미치는 복잡한 감정입니다. 심리적으로 화는 개인이 위협이나 부정적 상황에

처했을 때 그 상황을 해결하려는 방어적 감정 반응입니다. 한국인들은 자신의 입지나 자아, 자신 고유의 권위가 위협을 많이 받고 있다는 것을 의미합니다.

한국인들의 스트레스 심리에 내포된 화(火)는 유독 강한 타인과의 비교 프레임에서 기인합니다. 디지털 확산으로 SNS 세상과 비교되기가 매우 쉬워진 지금의 한국인들 자화상이 바로 화(火)로 표출되었다고 할 수 있습니다. SNS와 비교된 나 자신은 초라해지기 쉽습니다. 디지털 세상과 내 자아를 비교 프레임에 놓고 보면 그 누구도 화라는 정서를 피해 갈 수 없을 것입니다.

또한 한국인들은 다양한 이유로 과거보다 경쟁이 심한 사회 속에서 살아갑니다. 그러한 무한 경쟁의 삶은 우리에게 참고 인내해야만 한다는 사회화를 부추깁니다. 참아야만 하는 사회가 우리를 화라는 정서에 자주 노출시킵니다. 다시 말해 한국인들은 참고 감내해야만 하는 상황에서 많은 스트레스를 받고, 참고 감내해야만 하는 일이 많다는 것을 의미합니다.

세 번째로 나타난 K-stress 속 심리는 부정적 긴장감(negative tension)이었습니다. 긴장감이라는 용어에 굳이 부정적이라고 표현한 이유는 긴장감 안에는 건강한 속성도 들어 있기 때문입니다. 건강한 긴장감은 우리를 적절한 각성 상태에 놓이게 해 다양한 상황에서 수행 능력을 올려 주기 때문에 여기서 얘기하는 부정적 긴장감과는 맥락이 다른 긴장감입니다.

한국인들의 스트레스 속 긴장감 심리는 '불안한 마음속 긴장감', '정신적 긴장감', '일상에 영향을 주는 긴장감', '심리적 불안에 의한 긴장감', '걱정에 따른 긴장감'등으로 표현되고 있었습니다.

표현에서 느낄 수 있듯이 우리의 스트레스는 걱정, 불안 같은 심리에서 출발해 스트레스로 오고 있습니다. 긴장 혹은 불안은 알 수 없는 미래, 생존과 직결되는 상황으로 발생하는 심리 상태입니다. 한국인들은 미래에 대한 불확실성에 따른 불안, 걱정으로 부정적 긴장감 속에서 생활합니다. 공부는 잘할 수 있을까?, 좋은 대학은 갈 수 있을까?, 좋은 배우자는 만날 수 있을까?, 좋은 회사에 취직할 수 있을까?, 좋은 인생 후반이 펼쳐질 수 있을까? 등등 한국인들은 걱정과 불안이 포함된 부정적 긴장감으로 평소 스트레스를 받고 있습니다.

제프리 그레이(Jeffrey Gray)라는 영국의 심리학자는 긴장감을 불안과 밀접한 관계가 있는 심리적 상태라고 하였습니다. 특히 인간의 행동 억제 시스템(BIS; Behavioral Inhibition System)으로 긴장감을 설명하였습니다. 그레이의 BIS 이론에 따르면 긴장감은 위협적이거나 불확실한 상황에서 발생하는 심리적·신경학적 반응으로, 사람을 위협에 신중히 반응하도록 유도하는 중요한 생존 메커니즘입니다. 하지만 부정적 긴장감은 신체와 정신을 지나치게 경계 상태로 만드는 감정이기 때문에 한국인들은 다양한 이유 속에서 우리의 몸과 마음을 위협적인 자극 아래에 놓인 상태로 일상을 보냅니다. 따라서 다양한 차원에서 부정적 긴장감을 해소할 방법이 고려되어야 합니다.

네 번째로 현대인들은 여러 가지 이유로 무력감(Helplessness)이 내재된 스트레스를 안고 있습니다. 현대인들이 느끼는 스트레스에는 '내 뜻대로 못하는 현실', '내 뜻대로 안 되는 현실', '내 마음대로 안 되는 현실', '무시당하는 내 존재', '내가 원하는 대로 흘러가지 않는 일의 방향'등으로 설명될 수 있는 개인의 무력감이라는 심리적 속성이 많이 내포되어 있습니다.

앞서 스트레스로 인한 심리적 문제에 대해서 언급되었던 무기력은 지금 우리 곁에 바로 와 있는 상황입니다. 내가 뭔가를 통제할 수 있는 것이 얼마 없고 대부분 타인의 통제에 의해 문제가 해결 가능하다고 인지되는 순간 우리 인간은 존재 가치를 잃기가 쉬워집니다. 지금 한국인들이 가진 스트레스 심리에는 내 존재가 지워질지도 모른다는 불안감에 따른 무기력이 내포되어 있습니다.

한국인들의 스트레스 심리 속 무기력은 개인의 효능감도 떨어지게 만듭니다. 무기력에 따른 효능감 저하는 도전과 실패에 대한 두려움과 불안을 증폭합니다. 그러면 다양한 활동에 있어 더욱 행동반경이 위축되어 좌절로 이어지는 악순환의 고리에 빠지게 됩니다.

결국 무력감이라는 심리가 내재된 스트레스는 우리의 자아 확장에 큰 걸림돌이 됩니다. 주제넘는 소리일 수도 있겠지만 무기력이라는 옷을 입고 온 스트레스는 대한민국의 발전과 확장에도 큰 걸림돌이 되리라는 것을 확신합니다.

주제넘은 소리 한 김에 조금 더 해보겠습니다. 스트레스가 장기화되면 동기를 상실하게 만듭니다. 성공하고 싶은 현대인들이 많은데 성공 공식이라고 하는 '성공=능력×동기'라는 공식을 접해 본 적이 있을까요? 아무리 능력이 뛰어나도, 즉 능력이 아무리 좋아도 동기라는 하나의 변인이 제로('0')가 되면 성공은 멀어져만 갑니다. 다시 말해 스트레스로 인한 무력감은 무동기로 드러나고 그렇게 드러난 무동기는 뛰어난 능력치를 가졌다 해도 성공으로부터 멀어지게 한다는 공식입니다.

스트레스는 우리가 도전적 사고를 하기 어렵게 만들고, 창의적이고 혁신적인 아이디어를 떠올리는 능력을 제한합니다. 점점 더 작은 목표에 만족하고, 큰 꿈을 꾸는 것조차 두려워지게 되며, 그 결과 우리의 자아는 좁혀지고, 성장의 기회를 놓치게 됩니다.

현대 사회에서 경제 발전과 사회적 혁신은 개인과 조직의 창의성과 적극적인 참여에 달려 있습니다. 그러나 스트레스가 만연한 환경에서는 사람들이 창의적 해결책을 제시하기보다는 기존의 틀에 안주하려고 하고, 위험을 감수하는 대신 안정적인 선택을 선호하게 됩니다. 이는 사회적 발전을 저해하는 주요 원인이 됩니다. 예를 들어, 청년들이 직업 선택에서 두려움을 느끼고, 기업들이 새로운 사업을 시도하는 데 어려움을 겪는 상황에서 우리는 보다 발전적인 변화를 경험하기 어렵습니다. 한때 대학생들 사이에서 '우리가 살 길은 비트코인이다'라는 밈(인터넷 유행어)이 유행한 적이 있습니다. 실제 대학 현장에서 그런 학생들의 밈을 접했던 당사자로서 스트레스가 국가, 사회 전반에 이렇게까지 영향을 미칠 수 있다고 확신하게 되었으며, 스트레스 관리가 중요하다는 것을 새삼 느꼈습니다.

무기력은 단순히 개인적인 차원의 문제가 아니라, 국가의 경쟁력과 발전 가능성에 심각한 영향을 미칠 수 있는 문제입니다.

따라서 스트레스가 우리의 자아 확장과 사회적 발전에 미치는 영향을 줄이기 위해서는 스트레스 관리와 심리적 회복력을 키울 수 있는 사회적 기반이 마련되어야 합니다. 사람들이 스트레스와 무기력에서 벗어나 도전적이고 혁신적인 삶을 살 수 있도록 하는 것이 중요하며, 이를 통해 국가 차원에서도 지속 가능한 발전을 이룰 수 있을 것입니다.

05/

스트레스와 일상

갑자기 매운 음식이 확 당기시나요?, 어느 날 깊은 잠을 청하기 어려워졌나요? 입맛이 없거나 지나치게 과식을 하게 되는 것도 은연중에 우리가 받은 스트레스 때문입니다. 우리가 일상에서 겪는 많은 것들이 스트레스가 원인입니다. 그렇게 끊기 힘든 담배도 마찬가지입니다.

5-1

스트레스와 수면

수면은 몸과 마음을 회복시키는 데 가장 효과적이고 필수적인 활동으로, 생명을 유지하고 일상을 지속하는 데 꼭 필요합니다. 하지만 최근 보고에 따르면, 우리나라는 OECD 국가 중 가장 낮은 수면 시간을 기록하고 있어, 다양한 위험에 더 많이 노출되어 있습니다. 수면 부족은 피로와 무기력, 기억력 저하, 집중력 감소와 같은 문제를 일으키며, 일이나 학업에서의 효율성을 떨어뜨립니다. 또한, 잠이 부족하면 예민해져 작은 일에도 쉽게 짜증이나 화를 내는 등 부정적인 감정이 증가합니다. 특히 수면 부족은 단순히 수면 시간의 문제가 아닙니다. 깊고 편안한 숙면, 수면 후의 만족감과 기분 같은 질적 요소도 중요합니다. 불면증은 이러한 질적인 수면 부족의 대표적 예로, 정신 질환으로 분류되며 삶의 질에 큰 영향을 미칩니다 (Ohayon, 2002). 더욱이, 불면증 환자의 50%는 만성화되는 경향이 있어(Morin 등, 2009) 더 큰 문제를 야기합니다.

이처럼 우리에게 중요한 영향을 미치는 수면은 스트레스와 매우 깊은 관련이 있습니다. 고민거리나 해결되지 않은 문제가 생겨서 잠을 잘 못 자고 뒤척인 경험 있으시죠? 수면 건강의 70% 프로는 스트레스가 관여하고 있습니다. 높은 스트레스는 '각성(Arousal)'이라고 하는 심리·생리학적 특성을 항진하게 되어 건강한 수면에 부정적 영향을 미치게 됩니다. 각성은 무언가에 반응을 보이는 정도를 의미합니다. 각성이 높다는 것은 무언가에 반응을 빠르게 보인다는 의미로 해석할 수 있습니다. 각성이 높을 때는 작은 소리에도 민감하게 반응하는 것이 이러한 이유에서입니다.

즉, 심리적 활성화 정도를 각성이라고 할 수 있습니다. 학창 시절 시험 기간이 되면 시험에 나올 내용을 놓치지 않기 위해 평상시와 다르게 집중하고 수면을 억제해야만 했습니다.

그럴 때 각성제 효과가 있는 커피 등을 활용해 본 경험들이 한 번씩은 있을 겁니다. 건강하고 깊은 수면을 위해서는 당연히 각성이 낮은 수준을 유지하는 것이 좋습니다. 각성 수준과 스트레스는 정방향으로 움직입니다. 스트레스가 많을수록 각성 수준은 올라갑니다. 수면 시간에 가까워질수록 각성 수준은 낮아져야 하지만, 스트레스는 우리를 계속 긴장 상태로 유지하려고 합니다. 이로 인해 스트레스가 각성 수준을 높게 만들어 숙면을 방해하게 됩니다.

스트레스가 많다는 것은 교감 신경계가 활성화됨을 의미합니다. 교감 신경계가 활성화되었다는 것은 다양한 위험이 매우 가까이 있음을 우리 몸이 인지하고 있는 것입니다. 바로 주위에 사자가 있는데 사슴이 깊은 잠을 잘 수 있겠습니까? 그와 똑같은 상황이 우리가 스트레스를 받게 되면 펼쳐지는 것입니다. 교감 신경계는 마치 군인이 전투 상황에서 빠르게 대응할 때 활성화되는 신경계와 같은 것입니다. 이때 우리 몸에서 주요하게 작용하는 호르몬은 무엇일까요? 코티솔, 아드레날린 같은 호르몬입니다. 이런 호르몬들은 인체를 각성하게 만들어 주변의 작은 변화에도 민감하게 반응하게 만듭니다. 실제로 수면 중인 동물에게 코티솔을 투여하면 수면에 많은 제약을 받는다고 합니다.

인지된 스트레스는 앞서 설명했던 스트레스 반응 경로 2가지의 스위치를 'ON'으로 바꿉니다. 그러면 스트레스 반응 경로에 따라 다양한 스트레스 호르몬이 분비하게 됩니다. 분비된 스트레스 호르몬은 우리를 위험에서 벗어나게 하기 위해 많은 일들을 하게 되지요. 그러면서 우리는 자연스럽게 수면 장애로 이어지게 되는 것입니다.

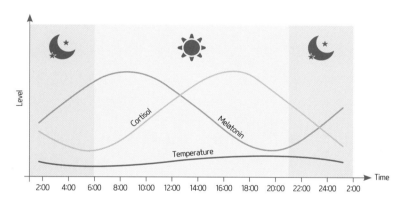

[그림 7] 멜라토닌과 코티솔의 관계

호르몬과 수면과의 관계에서 빠질 수 없는 호르몬이 있습니다. 바로 멜라토닌(Melatonin)입니다. 멜라토닌은 인체를 수면으로 유도하는 데 중요한 호르몬입니다. 이 호르몬의 영향으로 인체는 수면을 쉽게 유도하는 뇌파가 많이 발생하여 이완과 휴식의 상태로 안정화를 취할 수 있습니다.

물론 과도하게 장시간 멜라토닌의 영향을 받게 되면 또 다른 다양한 문제를 일으킬 수 있지만, 우리의 수면 건강을 위해서는 꼭 필요한 호르몬입니다. 수면 장애가 있는 경우 멜라토닌 성분이 포함된 수면 보조제를 활용해 수면 장애를 치료하는 이유도 그런 이유에서입니다. 수면에 결정적 역할을 하는 멜라토닌과 스트레스와 깊은 관련이 있는 코티솔 호르몬은 서로 반대의 길항 작용을 하는 호르몬입니다. 코티솔 분비가 증가되면 멜라토닌 분비가 감소되어 수면에 좋지 못한 영향을 미치게 되는 것입니다. 그래서 오전에는 코티솔 농도가 가장 높고 멜라토닌 농도가 낮습니다. 반대로 저녁으로 갈수록 코티솔 농도는 낮아지고 멜라토닌 농도가 높아져야 정상적인 일주기 리듬으로 인체가 적응할 수 있습니다.

과도한 스트레스로 인해 높아진 각성 상태는 뇌파에 영향을 미칩니다. 영어 듣기 평가 난이도를 가지고 뇌파 신호의 차이를 구분한 실험에서도 난이도가 높고 낮음에 따라 추출된 뇌파가 각각 다른 것으로 나타나고 있습니다. 스트레스를 받게 될 때 다양한 뇌파 중 주로 베타파(Beta Waves)와 감마파(Gamma Waves)가 활성화됩니다. 베타파와 감마파는 깊은 수면을 방해하는 뇌파입니다.

깊은 수면 중에는 델타(Delta Waves), 세타(Theta Waves), 알파(Alpha Waves)파가 많이 분비되는데, 수면 중에는 세 가지 뇌파의 영향을 받는 것이 깊은 수면에 유리합니다. 소리와 스트레스, 그리고 뇌파를 분석한 연구에서도 스트레스를 인지하게 되면 바로 베타, 감마파 활성화가 높아진다고 하고 있습니다 (박상범, 김명숙, 배명진, 2018).

스트레스와 수면의 관계에서 마지막으로 하나만 더 언급하겠습니다. 수면이 우리에게 주는 생리학적 기능은 다양합니다. 하지만 그중에서도 중요한 것은 바로 '기억'이라는 기전일 것입니다. 더 정확히 말하면 기억 강화입니다. 우리가 학습할 때 활성화되는 특정 뇌 영역이 있습니다. 공부할 때 주로 많이 반응하는 신경 세포가 있다는 것입니다. 그런데 공부할 때 작용했던 신경 세포는 우리가 깊은 숙면에 있을 때도 활성화되고 있는 것을 확인할 수 있습니다.

이것은 무엇을 말하는 것일까요? 낮에 했던 학습 내용을 뇌는 숙면 중에 계속 공고히 다지는 작업을 하고 있다는 것을 의미합니다. 학습한 내용을 더욱 공고히 하기 위해 뇌는 잠자는 시간을 주로 활용하는 것입니다. 그런데 숙면을 방해하는 스트레스로 인해 수면의 질이 떨어지면 결국 우리의 기억력은 점점 그 힘을 잃어 가는 것입니다. 나이가 들어가면서 스트레스 수준은 더 높아지고 수면의 질은 더 떨어지고 떨어진 수면의 질은 학습 기억력 감퇴를 가져오는 악순환으로 연결되는 것이 근거 없는 내용은 아닙니다.

5-2

스트레스와 식욕

"인간들의 식욕(욕망)은 반드시 인간 자신을 먹이로 삼아서 끝내 자신도 먹어 치우게 될 것이다"라는 문장이 셰익스피어의 소설 트로일러스와 크레시다(Troilus and Cressida)에 나옵니다. 인간의 식욕과 욕망은 끝이 없으며 그 끝은 자기 파멸도 불사한다는 셰익스피어의 말입니다. 사람의 식욕은 없어서는 안 될 필수적인 요소이지만 지나치면 자신을 해할 수도 있는 양날의 검과 같은 존재입니다.

우리가 평소 자주 하는 말 중에 '배는 고픈데 입맛이 없네', '금방 밥을 먹었는데 또 금방 허기가 지고 배가 고프네', '어우! 스트레스 받네. 우리 매운 거나 먹으러 갈까?', 이런 말을 많이 하고 또 많이 들어 보셨을 겁니다. 또 입맛이 없을 때 매운 음식을 먹으면 입맛이 확 도는 느낌을 받은 경험이 한 번씩은 있을 겁니다. 매우 모순적인 말들이지만 공감은 다 갈 겁니다. 이모든 것은 우리가 스트레스를 받는다고 느낄 때 나타나는 식욕에 대한 반응입니다.

일반적으로 스트레스는 주위 상황이 위협적으로 우리에게 다가올 때 느끼게 되는 감정이라고 했습니다. 전쟁터를 한번 상상해 볼까요? 일반적으로 총알이 빗발치는 전쟁터라면 당연히 식욕이 있을 수 없을 것입니다. 다양한 스트레스 호르몬들은 우선은 우리 신체를 교전(交戰) 상태에 대비하기 위해 교감 신경계의 활성화를 가져옵니다. 활성화된 교감 신경계, 즉 인체가 지금 현재 상황을 위기 상황이라고 판단했을 때는 랩틴 (Leptin)이라는 식욕 억제 호르몬을 분비하게 됩니다. 분비된 랩틴은 뇌로 전달됩니다. 랩틴의 신호를 받은 뇌는 우리 신체에 명령을 합니다. 더 이상 음식물 섭취는 필요 없으니 음식물을 그만 섭취해도 된다고 명령을 내리는 것입니다.

이 과정을 좀 더 쉽게 풀어보면 다음과 같습니다.

적과 격렬한 전투를 벌이게 된 상황에 군인은 사력을 다해 적군과 전투를 벌여야 할 것입니다. 격렬한 전투를 벌이기 위해서는 쉽게 에너지로 쓰일 수 있는 포도당이 필요하고 체내에서 긴급하게 쓸 수 있는 포도당을 다량으로 자체 생산하게 됩니다. 여기저기서 끌어 모은 포도당으로 인해 인체는 높은 혈당을 유지한 상태가 됩니다. 이어서 높은 혈당은 렙틴의 활성화를 이끕니다(김동림 외, 2002). 지금 현재의 높은 혈당이 충분한 식사로 인한 높은 혈당인 줄 렙틴이 착각을 하는 것입니다. 그 렙틴이 우리의 식욕을 억제하는 것이고요! 우리가 스트레스에 처음 직면하면 입맛이 없는 이유 하나가 바로 급상승된 혈당으로 인해 렙틴이라는 식욕 억제 호르몬이 착각을 해서 인체에 불필요한 작용을 하기 때문입니다.

스트레스를 받으면 식욕이 떨어진다?

스트레스와 식욕의 관계에서 살펴볼 호르몬 중 행복 호르몬이라고 알려져 있는 세로토닌(serotonin)이라는 호르몬이 있습니다. 세로토닌은 대부분 장(腸)에서 분비가 되며 주된 기능은 기분 상태, 수면, 식욕 조절에 관여합니다.

우울증 환자는 행복 호르몬인 세로토닌 분비량이 매우 적습니다. 세로토닌 감소는 식욕 부진으로 이어지는데 우울증 환자들이 호소하는 식욕 부진이 바로 이 세로토닌에 있습니다(백제숙, 2010). 고령층을 대상으로 영양 상태 조사를 한 내용을 살펴보면 65세 이상 연령 집단이 65세 이하 연령 집단보다 16% 정도 영양 섭취가 부족하다고 합니다. 전문가들은 이런 이유를 노년기의 심리적 요인인 우울증에서 찾고 있습니다. 영양 섭취가 부족한 고령층의 식욕 증가를 위해서 세로토닌 분비 효과가 있는 우울증 치료 약제를 사용하는 것도 같은 맥락으로 이해할 수 있습니다(윤종률, 2015). 여러 가지 이유에 의한 세로토닌 감소는 결국 식욕 부진으로 이어질 수밖에 없습니다.

스트레스로 인한 우울감에 의해서도 세로토닌 감소가 나타납니다. 이런 이유로 스트레스 초기에는 입맛이 없고 식욕이 떨어지게 됩니다(홍형숙 외, 2018).

스트레스와 세로토닌의 관계를 좀 더 현실적인 상황에서 이해할 수 있는 보고도 있습니다. 직장을 가진 사람들은 직장에서 가장 많이 스트레스를 받는다고 합니다. 따라서 당연히 직장에서는 세로토닌이 부족할 수밖에 없습니다.

직장 내 오피스 구조를 세로토닌을 활성화 할 수 있는 구조로 변화시키면 세로토닌 증가는 물론이고 직무스트레스도 매우 감소한다는 보고도 있을 정도입니다. 예를 들면 내부 조명, 움직임을 고려한 다양한 동선, 시각적 공간 확보를 통한 구조 변화가 세로토닌 활성화와 직무 스트레스에 매우 긍정적인 효과를 나타냈습니다(성재준, 김정기, 2012). 직장에서도 세로토닌과 스트레스는 관련이 깊음을 확인할 수 있는 부분입니다.

하지만 스트레스가 식욕에 작용하는 맥락은 좀 더 다양한 각도로 이해해야 합니다. 일시적인 급성 스트레스는 식욕 억제 기능이 있지만, 만성 스트레스는 식욕 증가 및 비만에 결정적 역할을 하게 됩니다. 그러면 우리에게 오래 머문 스트레스가 식욕에 어떠한 영향을 미치게 되는지 알아보겠습니다.

스트레스를 받으면 폭식한다?

이제는 여러분도 잘 알거라 생각이 됩니다만, 스트레스를 받게 되면 코티솔을 비롯해서 스트레스 호르몬들이 나오게 됩니다. 코티솔이 하는 생리적 역할 중에 하나가 바로 에너지 저장입니다. 물론 단기적으로는 코티솔이 에너지 발산에 영향을 미치기도 하지만 만성화된 스트레스에는 에너지 저장을 하는 것이 더 우선적인 기능입니다. 앞서 잠시 언급했습니다만 우리 인체는 스트레스를 결국 위기 상황으로 인지합니다. 위기 상황, 그것도 오랜 위기 상황에서는 우리 인체는 어떤 반응을 보일까요? 에너지원의 방출보다는 저장에 더 가까운 생리적 메커니즘을 보입니다. 언제 더 큰 위기가 올 줄 모르는 상황으로 스트레스를 인식하게 되면 당연히 에너지원 저장 트랙이 활성화되는 것입니다.

이해를 돕고자 사회 경제와 연결해서 생각을 해보겠습니다. 물가가 오르고 화폐 가치가 떨어지는 스트레스를 사회가 받으면 소비는 당연히 위축되고 전반적인 경기 흐름도 위축됩니다. 우리 몸에 들어온 오래된 스트레스도 이와 똑같은 원리로 작용하게 됩니다. 인체가 받은 오래된 스트레스는 인체 에너지원을 소비보다는 저장에 방점을 찍고 인체에 영향을 미치게 됩니다. 즉, 체지방 분해가 적게 일어나 체지방이 쌓이고 근육의 단백질 분해가 일어나고 결국 신진대사율이 떨어지게 됩니다. 떨어진 신진대사율은 다시 체지방 합성에 많은 일을 하게 되는 것이고요.

결국 에너지원 저장은 또 다른 에너지원을 부르는 것입니다. 또 다른 에너지원을 부른다는것은 계속된 음식 섭취를 하게 되는 것이고요. 만성화된 스트레스는 지속적인 에너지원

섭취를 하게 하고 나아가 체지방 증가를 가져오는 것입니다. 그래서 만성화된 스트레스는 결국 과식과 비만을 초래합니다. 여러분들 중에서도 평소와 다르게 혹은 과거와 다르게 단 음식 등에 손이 자주 가게 된다면 현재 여러분의 스트레스 정도를 살펴볼 필요가 있을 겁니다. 실제로 스트레스를 측정하는 다양한 척도에 '최근 탄수화물이 많이 들어간 음식을 평소보다 자주 먹게 된다'라는 문항이 들어가 있는 것을 쉽게 확인할 수 있습니다. 이와 같은 내용은 쥐를 가지고 한 실험에서도 잘 나타나 있습니다.

스트레스를 많이 받는 쥐들과 그렇지 않은 쥐들의 코티솔, 식욕, 음식 섭취량, 체중을 비교한 결과 쉽게 예상할 수 있듯이 스트레스를 많이 받는 쥐에게서 비만 관련 변인들이 높은 것을 확인할 수 있었습니다. 사람에게 한 실험도 같은 맥락으로 나타났습니다. 여성들을 대상으로 한 실험에서 스트레스가 적은 그룹이 섭취 열량과 식욕이 적은 것을 알 수 있었습니다. 또 다른 맥락으로 접근해 보면 랩틴과 관련한 부분이 있습니다. 랩틴은 앞서 설명했지만 식욕 억제 호르몬입니다. 그런데 세포의 스트레스가 심해지면 전달되어야 하는 랩틴 전달이 원활하지 않게 됩니다. 세포가 스트레스를 받게 되면 뇌 안에 있는 랩틴 수용체를 통한 랩틴의 신호들이 제대로 전달되지 못해 랩틴 고유의 임무가 제대로 수행되지 못하게 되는 것입니다. 랩틴이 자기 역할을 제대로 못하니 식욕이 억제되지 못하고 과식과 폭식으로 이어지는 것입니다.

매운 음식을 먹으면 스트레스가 풀린다?

스트레스와 식욕과 관련하여 한 가지만 더 알아보겠습니다. 스트레스를 받으면 매운 음식이 생각나는 경우가 종종 있습니다. 스트레스와 매운 음식의 관계를 언급하기 전에 먼저 엔도르핀과 도파민이라는 체내 호르몬을 살펴볼 필요가 있습니다. 엔도르핀이라는 호르몬은 인체가 고통과 통증을 지각했을 때 통증 완화제로 그 역할을 하는 호르몬입니다. 전쟁 영화에서 부상을 입은 병사가 고통을 호소하는데 어떤 주사를 맞으면 잠시 그 고통이 사라지게 됩니다. 그때 그 주사가 모르핀이라고 하는 주사인데, 엔도르핀이 이 모르핀과 같은 기능을 인체에 하게 됩니다. 아편에서 추출되어 진통제로 합성한 모르핀과 같은 천연 진통제가 우리 몸속에서 나오게 되는 것이죠. 이런 천연 진통제인 엔도르핀이 매운 음식을 먹을 때 몸에서 분비가 된다고 합니다. 그래서 기분이 우울하거나 스트레스를 받을 때 인체는 항상성을 유지하기 위해서 매운 음식을 찾게 되는 것입니다.

일부 매운 음식의 재료들은 골관절염 통증, 편두통, 말초 신경 병증 통증 완화를 위한 의약품을 만드는 데도 사용된다고 하니 매운 음식과 스트레스와의 관계가 어느 정도인지 예상할 수 있습니다(Choy, Fassi, Treur, 2021). 매운 음식을 먹게 되면 분비되는 또 다른 호르몬이 있습니다. 기대하고 보상을 받을 때 분비되어 행복감을 느끼게 해준다는 도파민이라는 호르몬이 그것입니다. 도파민과 매운 음식이 관련이 있습니다. 그 작용 원리가 이렇습니다. 매운 음식이 들어오면 매운 음식 안에 들어 있는 캡사이신(Capsaicin)이라는 성분이 인체에 열을 발산하게 됩니다. 인체에 열이 나면 당연히 열을 식히기 위해서 땀이 나고 땀이 나면 개운한 느낌을 받으면서 도파민 효과를 보게 되는 것입니다.

참고로 인체는 매운맛을 느끼는 게 아니라 캡사이신이라는 성분에 의해서 나타나는 열감을 통해 뇌가 '매운 게 들어왔구나'라고 자각합니다. 뇌는 매운맛이 아니라 열감을 느끼고 그에 따른 반응을 보이는 것입니다. 열감에 대한 뇌의 반응이 매운 음식을 먹으면서 나타내는 우리의 반응인 것이죠. 운동 후 땀을 흘리며 느끼는 개운함이나, 사우나에서 땀을 빼고 나서의 상쾌함은 매운 음식을 찾는 것과 비슷한 맥락으로 이해할 수 있습니다. 나아가서는 매운 음식에 중독 현상을 보이는 것도 운동 중독과 같은 흐름으로 볼 수 있을 것입니다. 이처럼 스트레스는 식욕과 관련한 다양한 요소와 관련되어 있습니다. 자기가 요즘 들어 주로 찾는 음식이 무엇인지만 참고해도 지금 나의 스트레스 정도를 예측할 수 있는 것입니다.

5-3

스트레스와 노화

여러분은 '노화'라는 말의 의미를 어떻게 해석하고 있습니까? 질병에 걸리기가 쉽다, 질병에 걸려 있을 가능성이 높은 상태, 활동력이 떨어져 있는 상태, 신진대사가 떨어져 있는 상태 등 다양한 각도로 해석할 수 있을 것입니다. 하지만 저는 '노화'라는 말을 스트레스에 대한 저항력과 회복력이 떨어진 상태로 해석하고 싶습니다. 신체적 스트레스, 정신적 스트레스, 사회적 스트레스에 대항하여 회복하거나 저항할 수 있는 능력 정도에 따라 노화의 정도를 예상할 수 있습니다.

나이가 들수록 아드레날린 분비 능력이 감소합니다. 위협적인 상황에 직면했을 때, 아드레날린은 위기를 극복하기 위해 중요한 역할을 하지만, 나이가 들수록 이 호르몬의 분비 능력이 저하됩니다. 이는 아드레날린의 자극에 반응해 활발히 움직여야 하는 심장과 혈관들이 노화로 인해 그 부담을 견디기 어려워지기 때문입니다. 결과적으로, 나이가 들수록 신체가 위기 상황에 대응하는 능력은 점차 감소합니다.

일상적인 생활에서는 노화가 많이 진행된 노인과 젊은이들을 비교해도 큰 차이를 못 느낄 때가 많습니다. 하지만 위기 상황, 즉 스트레스 상황이 왔을 때 대처 능력은 '늙음'과 '젊음'의 사이에서 큰 차이가 있습니다. 저는 그래서 노화의 가장 큰 뚜렷한 특징을 스트레스에 대한 대처 능력 저하로 꼽습니다. TV 드라마에서 충격적인 일이 있을 때 뒷목을 잡고 쓰러지는 경우의 대부분은 나이가 많으신 분들인 이유도 여기에 있습니다.

좀 더 구체적으로 스트레스와 노화의 관계를 알아보고 그 안에 활성 산소(reactive oxygen species, ROS), 유전자 변형, 신경 구조는 어떤 연결 고리가 있는지 알아보겠습니다.

존스홉킨스대학에서는 세상에 존재하는 모든 질병의 원인을 활성 산소라고 하였습니다. 그만큼 노화와 질병을 이해하는데 활성 산소는 매우 중요한 요소입니다. 활성 산소는 우리 몸에서 에너지로 쓰이고 배출되는 찌꺼기 산소라고 이해하면 됩니다. 다양한 이유로 우리 몸에서 과도하게 생성된 활성 산소는 인체 각 기관을 산화시킵니다. 쉬운 설명으로 과도하게 발생한 활성 산소는 인체를 녹슬게 만드는 것이죠. 금속이 공기 중에서 산소 등과 결합하면 녹이 슬듯이 인체도 활성 산소가 생기면서 다양한 변화를 통해 노화가 일어납니다. 이런 활성 산소를 많이 발생시키는 요인 중 하나가 바로 스트레스를 받는 상황입니다. 하지만 활성 산소에 대해 오해하지 말아야 할 것이 하나 있습니다. 어느 정도의 활성 산소는 정상적인 상황에서는 해독 작용, 원활한 대사 작용, 살균 작용 등 중요한 역할을 합니다. 그런데 활성 산소의 적정량을 초과한 과도한 활성 산소가 바로 문제를 일으키는 것입니다. 즉 지나친 스트레스가 문제입니다.

신체적 스트레스는 활성 산소 생성을 증가시킵니다.

활성 산소는 신체가 스트레스에 대응하는 과정에서 자연스럽게 생성되는 산화성 물질입니다. 하지만 과도한 신체적 스트레스는 활성 산소의 비정상적인 증가를 초래할 수 있습니다. Power & Jackson(2008)의 연구에 따르면, 골격근은 안정 시 극소량의 활성 산소만 생성하지만, 신체적 스트레스를 유발하는 강도 높은 근력 운동에서는 근수축이 활발해지면서 활성 산소가 급격히 증가합니다. 나아가 같은 운동을 하더라도 운동이 익숙하지 않은 사람이 갑작스럽게 고강도의 운동을 시도하면, 신체는 이를 심한 스트레스로 인식하고 활성 산소 생성을 폭발적으로 증가시킵니다(Eckel, Grundy, Zimmet, 2005). 특히, 짧은 시간에 고강도 운동을 하면 우리 신체는 이를 스트레스라 여기며 많은 활성 산소를 생성하게 됩니다. 이 과정에서 과도하게 생성된 활성 산소는 세포 손상, 염증 반응, 피로감을 유발할 수 있어 앞서 언급했던 공기 중에서 철이 산화되는 것처럼 우리 인체도 노화가 스며들게 되는 것입니다.

하지만 여기서 오해를 하지 말아야 할 부분이 있습니다. 과도한 운동이 신체적 스트레스를 유발해 활성 산소를 많이 발생한다고 해서 운동을 하지 말자는 이야기는 아닙니다. 우리는 사회생활을 하든, 학업에 충실하든 신체적·체력적으로 강한 자극을 받게 됩니다. 그럴 때 평소 체력 관리가 잘되어 있는 사람과 그렇지 못한 사람 간에 스트레스를 느끼는 수준의 차이는 분명할 수밖에 없습니다. 평상시의 체력 관리가 활성 산소를 낮출 수 있습니다.

신체적 스트레스가 활성 산소 발생을 높여 노화에 부정적 영향을 미치는 것은 확인했습니다.

그러면 정서적 스트레스는 어떨까요?

정서적 스트레스는 우리의 기분, 느낌, 감정 상태 등의 스트레스를 말합니다. 쉽게 얘기해서 심리적 스트레스라고 이해하시면 되겠습니다. 다양한 병의 원인을 연구하는 병인학(aetiology)에서는 정서적·심리적 문제가 산화 스트레스를 유발하는 등 다양한 연관이 있다고 주장합니다(Shah, Sharma, Vohora, 2003). 우리가 일상생활에서 정서적으로나 심리적으로 가장 많은 스트레스를 받을 때가 언제일까요? 저는 여러 가지 시험을 치를 때라고 생각합니다. 의대생을 대상으로 재미있는 실험 연구 보고가 있습니다. 의대생이 시험 기간에 보는 시험 범위의 분량은 익히 다들 잘 아실 겁니다. 그런 의대생의 산화 스트레스 비교에 있어 의미 있는 차이가 있는 것으로 나타났습니다. 시험 기간과 비(非) 시험 기간의 산화스트레스를 비교한 결과 시험 기간에 산화 스트레스가 훨씬 높은 것으로 나타났습니다(Monika, Ingrid, Lucia, Igor, Jana, Zdenka, 2004). 이에 반해 활성 산소를 상쇄시켜 주는 항산화 물질은 상대적으로 감소하였습니다. 이러한 정서적, 심리적 스트레스와 활성 산소의 관계는 비단 의대생의 이야기만일까요?

다양한 시험으로부터 자유스럽지 않은 현대인들의 삶 속에서 우리의 노화를 앞당기는 활성 산소 또한 우리를 자유롭지 않게 합니다.

스트레스와 노화의 관계에서 두 번째로 언급하고 싶은 부분은 텔로미어(telomere)입니다. 텔로미어는 우리의 염색체(DNA) 끝에 위치하여 염색체의 수명을 결정하는 DNA의 일부입니다. 텔로미어는 세포의 활동 가능성 지속 여부를 판단하게 하는 세포 분열 배터리 같은 역할을 합니다. 세포에서 텔로미어가 짧아지거나 없어지면 배터리를 사용하는 물건이 배터리가 떨어져서 사용하지 못하는 일과 같은 일이 벌어집니다. 텔로미어가 짧아지면 그 세포는 수명을 다하게 됩니다. 텔로미어는 노화를 예측하는 데 다양한 적용이 가능하기에 최근 전문가들로부터 많은 관심을 받고 있습니다(한설빈, 전상은, 김나현, 2022). 이런 텔로미어에 스트레스가 많은 영향을 미칩니다. 즉, 스트레스로 인해서 텔로미어가 짧아지고 더 빠른 노화로 이어지는 것입니다.

최근에는 스트레스가 세포 내 유전자 변형에 결정적 영향을 미친다는 가설 아래 다양한 보고가 나오고 있습니다. 다음의 경우를 한번 생각해 볼까요? 건강한 자녀를 양육하는 어머니와 만성적인 질환을 앓고 있는 자녀를 둔 어머니의 텔로미어에는 어떤 차이가 있을까요? 후자의 텔로미어가 10년 정도 노화가 더 진행되어 짧은 것으로 나타났습니다(Epel, Blackburn, Lin, Dhabhar, Adler, Morrow, Cawthon, 2004).

[그림 8] 스트레스와 텔로미어

이것은 스트레스가 텔로미어에 영향을 미치는 것을 직접적으로 확인할 수 있는 보고입니다. 나아가서 어머니들에게서만 스트레스와 텔로미어가 관계가 있을까요? 가정 폭력, 낮은 가정 경제적 수준, 부모의 이혼 등 스트레스로 작용될 수 있는 환경에 노출된 아이들의 텔로미어 역시 상대적으로 짧은 것으로 나타났습니다(Coimbra, Carvalho, Moretti, Mello, Belangero, 2017).

이 외에도 외상 후 스트레스 장애(PTSD), 불안 장애, 우울증 같은 심리적 스트레스가 텔로미어 길이에 영향을 미치는지를 알아보기 위해 총 113, 699명의 환자를 대상으로 한 56개의 연구를 메타 분석(Systematic Review)한 Pousa et al.(2021)에 따르면 심리적 스트레스는 텔로미어 길이에 부정적인 영향을 미침을 알 수 있습니다. 이 밖에도 다양한 109편의 논문을 메타 분석한 Lin & Epel(2022)의 보고에서도 우울증과 스트레스가 텔로미어 길이와 인과관계가 있음을 확인할 수 있습니다. 즉 스트레스는 노화 정도 예측에 매우 중요한 요소인 텔로미어에 영향을 미치고 나아가 스트레스는 노화를 설명하는 데 강력한 인자(因子)임을 알 수 있습니다.

스트레스와 노화의 관계를 알아보는데 있어 마지막으로 신경 연결(neuron)에 대해서 살펴보겠습니다. 누군가가 여러분에게 '인간은 무엇으로 사는가?'라는 질문을 한다고 하면 여러분은 뭐라고 대답하시겠습니까? 저는 인체를 구성하고 있는 천억 개 정도의 신경(neuron)에 의해 산다고 말하고 싶습니다. 외부의 위험 요소가 감지되었을 때도 신경계가 반응하여 정상으로 유지할 수 있고, 다양한 학습도 결국 신경계에 의해 이루어집니다. 화남, 두려움, 기쁨, 우울함 이 모든 정서적 감정도 신경계를 반응하게 만들고 다시 우리 신체를 변화하게 만드는 것이죠. 우리가 먹고 마시고 느끼는 모든 것들은 이 신경계가 존재하기 때문에 가능한 것입니다. 이래서 인간을 인간스럽게 만드는 것을 뉴런이라고 하는 신경 구조 때문이라고 할 수 있습니다. 이런 신경 구조에 스트레스가 매우 깊은 관련이 있고 신경 구조와 노화가 매우 밀접한 관련이 있습니다.

신경 세포가 노화된다는 것은 첫 번째로 신경 세포 감소를 의미합니다. 신경 세포 감소에 스트레스가 많은 영향을 미칩니다. 스트레스가 신경 세포 감소에 어떤 영향을 미치는지 알아보기 위해 동물을 대상으로 한 실험 보고가 있습니다. 우선, 21일간 감금한 쥐의 뇌신경 수상 돌기가 매우 위축되고 감소되어 자유로운 활동과 움직임에 다양한 제한을 받게 된다는 보고도 있습니다(Watanabe, Gould, & McEwen, 1992).

불평등이라는 스트레스 상황도 신경 세포를 감소시킵니다. 사람도 불평등적인 위계 상황에서 스트레스를 많이 받지만 동물도 지배적 불평등을 충분히 인지하기 때문에 계층 구조가 명확한 동물은 지배적 불평등 아래에서 스트레스를 많이 받는다고 합니다. 이러한 스트레스 상황에서 동물들의 뇌 구조에 미치는 영향을 살펴본 선행 연구가 있습니다.

특히, Sapolsky(2005)의 보고에 따르면, 장기간 지배적 지위에 억눌려 사회적 스트레스를 받은 동물들은 뇌의 신경 생물학적 변화가 나타납니다. 이로 인해 해마에서 신경 세포 생성이 크게 억제되거나 위축되고, 신경 세포가 비정상적인 사멸 패턴을 보이는 것으로 밝혀졌습니다. 그냥 본능대로만 움직일 것만 같은 동물도 스트레스 상황에서는 신경 세포에 문제가 생깁니다. 포획된 설치류 같은 동물을 대상으로 한 보고이기 때문에 사람에게 적용하는 데 논란의 여지는 있으나, 어느 정도의 관련성은 분명히 있습니다. 실제로 외상 후 스트레스성 장애를 보이는 사람을 대상으로 한 연구 보고에서는 정상인보다 해마 크기가 상당이 위축되어 있다고 합니다 (Wingnall et al., 2004).

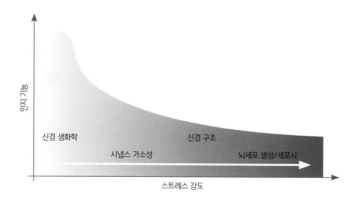

[그림 9] 스트레스와 신경 세포의 관계

해마 세포는 우리의 기억을 담당하는 뇌 영역이고 스트레스 조절에 많은 영향을 미치는 곳입니다. 노년기로 갈수록 스트레스 조절이 어려워지고, 기억력에 문제가 보인다고 여겨지는 것도 결국 다양한 원인으로 발생한 스트레스로 인한 신경 세포 감소 및 위축 때문이라고 할 수 있습니다.

스트레스와 노화, 그리고 신경 세포의 관계를 알아보는 두 번째는 신경 계통 질환입니다. 노화 현상으로 인한 대표적인 신경 계통 질환에는 여러분들이 잘 아시는 알츠하이머병과 파킨슨병이 있습니다. 이런 질환은 후에 치매로 이어지기 쉽습니다. 미국의 국립보건원에 따르면 전 세계적으로 3천 6백만 명 정도가 치매로 고통받고 있다고 합니다. 더 우려스러운 것은

2050년에는 1억 명 이상이 치매로 고통받게 된다고 합니다. 노화에 따른 신경 계통 질환은 우리의 노년을 암울하게 만들 수 있는 질환입니다. 노화 현상에 따른 신경 계통 질환과 스트레스는 관련성이 매우 깊은 것으로 알려져 있습니다. 특히 만성 스트레스는 치매와 매우 관련이 깊다고 알려진 알츠하이머병 발생률을 4배 가까이 높입니다. 알츠하이머병과 관련된 치매(Alzheimer's Disease and related dementias, ADRD)는 이런 이유로 인해 세계적으로 많은 관심을 받는 분야입니다.

알츠하이머병 질환은 유전적 요인과는 관계가 없고 개인 환경과 매우 깊은 관련이 있습니다. 개인 환경 중에서도 개인이 겪게 되는 스트레스가 중요한 인자(因子)입니다. 종교 단체와 관련한 연구에서 심리적 고통을 많이 받은 정도를 가지고 알츠하이머병 유병률을 비교한 내용이 있습니다. 심리적 스트레스 정도를 백분위로 구분하고 90% 백분위, 즉 매우 스트레스를 많이 받은 집단과 하위 10%의 백분위에 있는 집단의 유병률 차이가 두 배에 이르는 것으로 나타났습니다. 그만큼 심리적 스트레스가 알츠하이머에 직접 관련이 있다는 것을 의미합니다. 더욱 놀라운 것은 유전자 구조가 거의 일치하는 이천 명이 넘는 쌍둥이를 30년간 추적 조사한 연구에서도 스트레스를 많이 받은 형제자매가 치매 발병률이 2배나 더 높은 것으로 보고된다는 것입니다. 또한 쉽게 예상 가능한 부분이지만 외상 후 스트레스 장애가 있는 퇴역 군인들 또한 두 배나 높았습니다(Crowe et al., 2007).

지금까지 노화에 스트레스가 어떤 관련이 있는지 알아봤습니다. 초고령 사회로 진입한 우리 사회에 스트레스가 던지는 시사점은 매우 많습니다. 노화에 직·간접적으로 강한 영향력을 가지고 있는 스트레스를 어떻게 다루는가에 따라 우리 노후의 모습이 달라질 수 있습니다. 이미 언급한 DNA까지 똑같다고 알려진 쌍둥이 연구는 스트레스가 한 인간의 노화에 어느 정도로 막강한 영향력을 미치는지 다시 한번 경각심을 가지게 합니다.

5-4

스트레스와 성(性)

　여기서는 인간의 3대 욕구 중 하나인 성(性)을 스트레스와 연결지어 알아보겠습니다. 만약에 성(性)이라는 욕망이 인간에게 없었다면 인간은 존재할 수 있었을까? 고대 인도에서는 인간이 인간으로 완성되게 하는데 마지막 단추 역할을 하는 것이 인간의 성(性)이라고 하였습니다. 인간의 성(性)에는 생리적 성격뿐만 아니라 심리적 성격도 포함한 매우 복잡한 시스템입니다. 그래서 성(性)은 정신 분석 분야에서도 매우 중요한 가치를 가지고 활용되고 있습니다.

성(性)은 인간으로서의 정체성 내지는 한 사람의 다양한 심리, 생리적 성격을 드러내는 것을 넘어 건강과 바로 연결되는 부분이 매우 많습니다. 남성이나 여성은 각자 성별에 맞는 고유의 성호르몬을 가지고 있습니다. 남성은 테스토스테론(Testosterone), 여성은 에스트로겐(Estrogen)을 분비합니다. 이 호르몬 덕분에 남성은 남성답게, 여성은 여성답게 살아갈 수 있습니다. 이런 성(性)호르몬은 스트레스와 매우 깊은 관련이 있습니다. 스트레스를 받게 되면 성(性)호르몬 분비가 즉각 멈추게 됩니다. 신체에 외상을 입는 스트레스를 받으면 성(性)호르몬 분비를 바로 차단합니다. 수술, 외상, 기아, 공포 같은 스트레스 상황이 발생하면 우리의 성호르몬 분비 체계는 휴가를 떠나게 되는 것입니다.

정신적 스트레스는 어떤 영향을 미칠까요? 정신적 스트레스 또한 성(性)호르몬 분비를 멈추게 하거나 이상을 가져옵니다. 이것은 사회적 지위가 낮은 그룹일수록 성호르몬 수치가 낮다고 한 보고를 통해 확인할 수 있습니다. 과도한 학습이 성(性)호르몬에 미치는 영향에 관한 다양한 연구를 살펴봐도 정신적 스트레스가 성(性)호르몬 분비에 영향을 미치고 있다는 것을 쉽게 알 수 있습니다.

스트레스가 성(性)호르몬에 영향을 미치는 원리는 우리 몸의 메커니즘에서 찾을 수 있습니다. 스트레스는 우리 몸이 느끼는 위험 상황이고 통증이 발생한 상황이라고 했습니다. 우리가 위험해지고 통증을 느낄 때 몸에서는 통증을 치료하기 위한 일들이 동시에 일어납니다. 앞서 스트레스와 식욕 부분에서도 설명했던 통증에 만병통치약인 엔도르핀(endorphin)이 분비되는 것입니다. 그런데 통증의 만병통치약인 이 엔도르핀이 바로 성(性)호르몬 분비에 부정적 영향을 미칩니다.

여기서 우리가 잠깐 고민해 볼 부분이 있습니다. 엔도르핀은 조깅 같은 운동을 했을 때 분비되는 호르몬입니다. 일명 '러너스 하이'를 경험할 때 엔도르핀이 많이 분비된다고 알고 있습니다. 그러면 운동이 성(性)호르몬 분비를 억제한다는 결론에 이를 수도 있을 것입니다. 실제로 많은 운동량을 가질 수밖에 없는 남성 운동선수들에게서는 일반인들에 비해 성(性)호르몬 수준이 낮은 것으로 나타났습니다. 여성 운동선수도 일반 여성보다 생리가 불규칙적인 횟수가 더 많았습니다. 실제로 엔도르핀과 비슷한 성분인 아편에 중독된 사람들에게서도 이와 비슷한 증세가 있습니다. 일례로 육군 사관학교 생도들의 성(性)호르몬 수준을 들 수 있습니다. 사관학교 생도들에 대한 이미지는 어떤가요? 남성성의 최고봉이라 할 수 있지 않을까요? 하지만 실상은 그렇지 않습니다. 고되고 힘든 교육 과정을 치르고 있는 사관생도들의 소변 검사를 통해 알아본 성(性) 호르몬 수치는 정상보다 더 낮은 수준을 나타냈다고 합니다 (『stress』, Robert M. Sapolsky).

과도한 다이어트라는 스트레스는 어떨까요? 이것 또한 우리 몸은 위기 상황이고 통증 유발 상황입니다. 남성만큼은 아닙니다만 여성 몸에도 소량의 테스토스테론이 분비됩니다. 이렇게 분비되는 소량의 테스토스테론은 여성 호르몬인 에스트로겐을 생성하는 데도 영향을 미칩니다. 정리하면 이렇습니다. 과도한 다이어트라는 스트레스가 테스토스테론 분비를 억제합니다. 이로 인해 테스토르테론이 분비되지 못하면 에스트로겐 분비 수준이 떨어져 여성 건강에 악영향을 미칩니다. 과도한 다이어트를 할 수밖에 없는 대표적 집단인 패션 모델, 전문 무용수, 체중 감량이 필수인 체급 운동선수들의 생리 불순을 그 예로 들 수가 있습니다.

에스트로겐이 담당하는 중요한 기능이 또 하나 있습니다. 뇌를 보호하는 기능입니다. 뇌를 보호한다는 것은 뇌신경을 보호해서 알츠하이머 같은 질병에 덜, 또는 늦게 노출이 된다는 것을 의미합니다. 에스트로겐이 뇌를 독성으로부터 보호하는 역할을 하는 것입니다. 노년기 여성을 대상으로 에스트로겐 요법을 실시한 연구에 따르면 에스트로겐 투여 그룹의 노년기 여성들이 알츠하이머 발병률이 현저하게 낮거나 그 시기를 늦춥니다. 그렇다면 다음과 같이 연결될 수 있습니다. 스트레스를 받으면 성(性)호르몬 분비 수준이 떨어지고 뇌를 보호하는 호르몬이 덜 분비되어 뇌 관련 질환에 걸릴 가능성이 높은 것으로 이어집니다. 이처럼 부정적 스트레스는 성(性)호르몬 분비에 영향을 미치고 나아가 다양한 질환 노출로 이어지는 것입니다.

그 밖에도 스트레스를 과도하게 받은 여성은 난소, 자궁, 태반을 포함한 여성 생식기에 많은 염증이 생성됩니다(Kalantaridou, Makrigiannakis, Zoumakis, Chrousos, 2004). 또한, 스트레스는 체내에서 분비되는 멜라토닌, 엔도르핀을 변형시켜 여성의 배란을 방해하며(Schenker, Meirow, Schenker, 1992), 뇌와 직접 연결되어 있는 남성의 고환에 부정적 영향을 미칩니다. 더 끔찍한 것은 산모의 스트레스가 복중 태아의 유전자에도 영향을 미쳐 이후 자녀의 성(性)호르몬과 관련해서 문제를 일으킬 수 있다는 것입니다(Nilsson, Båvenholm, 2002). 이처럼 스트레스는 인간을 더 인간답게 하는 성(性)과 관련해서도 매우 깊은 연관성을 보입니다. 스트레스가 자녀들한테까지 연결

될 수 있다니 스트레스에 대한 더 깊은 이해를 요하는 부분입니다.

저도 자녀를 양육하는 부모로서 잘 공감합니다만 자녀의 성장이 더딜 때 드는 안타까움은 이루 말할 수 없을 정도입니다. 그런데 이런 자녀의 더딘 성장에 스트레스가 결정적 영향을 미칩니다. 아시아권에서 청소년을 대상으로 한 연구에 따르면, 스트레스 수준이 높은 아이일수록 성장 호르몬과 연관된 성호르몬이 정상적으로 분비되지 않았습니다. 이 보고에서 스트레스라고 하는 것은 무엇이었을까요? 다름 아닌 어려운 수학 문제를 제한된 시간 안에 풀기 등이었습니다. 스트레스는 남성, 여성, 어른, 아이에 있어 정상적인 성장을 방해하는 요소임에 틀림이 없습니다.

5-5

스트레스와 중독

지금처럼 우리의 삶에서 중독이라는 단어가 많이 나오던 시대가 있었을까요? 아마 없었을 겁니다. 대표적으로 인터넷 기기와 스마트폰의 보급으로 증가된 디지털 중독, 다양한 합성 약물로 인한 약물 중독, 무한 경쟁 시대에 있는 현대인들의 일중독(Workaholic), 그 밖에도 게임 중독, 다양한 식이 중독 등 많은 중독과 우리는 함께 살아가고 있습니다.

중독의 위험성은 익히 알고 있겠지만 이와 관련해 다양한 연구 단체에서 내린 정의를 보면 심각성이 더 피부로 와 닿을 것입니다. 몇몇 정의를 살펴보겠습니다.

'해로운 물질 사용이나 과한 중복 사용으로 인해 생긴 사회적, 신체적, 정신적 문제', '뇌를 지속적으로 변화시킬 수 있는 물질에 대한 강한 욕망과 섭취 제어에 문제가 있는 질병', '정신적·사회적·생리학적 측면에서 유해한 생활 습관이나 물질 사용에 대한 과한 의존도를 보이는 증세'

이런 정의에서 알 수 있듯이 중독은 한 사람의 다양한 측면으로 문제를 유발할 수 있기 때문에 개인적으로나 사회적으로 매우 중요한 문제입니다.

그런데 이런 중독과 스트레스는 바늘과 실 같은 존재입니다. 환경적 요인에서 유발되는 만성 스트레스는 다양한 약물 중독 및 유지, 중독 재발과 매우 깊은 관련이 있습니다.

스트레스는 보상 역치라는 것을 증가시킵니다. 보상 역치를 쉽게 설명하면 이렇습니다. 일반적으로 기분이 우울하거나 처진다는 느낌이 들 때 소주 한잔을 마시면 기분이 좋아졌다고 합시다. 하지만 스트레스를 많이 받았을 때는 더 많이 여러

잔을 마셔야 기분이 좋아진다는 의미입니다. 평소에는 보상을 주던 어떤 특정 행위가 스트레스가 심해지면 보상을 주기가 힘들어져 더 많은 특정 행위를 한다는 것입니다. 바로 이런 원리로 스트레스가 심해지면 중독에 빠지기가 쉬워집니다. 스트레스는 사람의 행동과 변화를 일으키기 쉽습니다. 평소에는 건강 관리에 유념하는 듯하다가도 스트레스에 직면하면 그런 행동이 감소하고 담배, 알코올, 기타 약물에 쉽게 현혹되는 것입니다. 스트레스는 사람을 이렇게 나약하게 만듭니다. 나약해진 사람은 다시 질병과 부상을 부르는 위험한 행동을 할 가능성이 높아지면서 악순환의 연결 고리에 빠지는 것입니다.

평생을 안고 짊어지고 가야 하는 특성을 가진 심리적 불편함을 스트레스라고 합니다. 이런 스트레스를 관리하고 덜기 위해 개인들은 각자 다양한 방법을 사용합니다. 이것을 스트레스 관리 대처라고 합니다. 그런데 개인이 포용할 스트레스 수준을 넘어서게 되면 대처에 있어 문제가 발생하게 됩니다. 스트레스 대처에 불법 약물의 힘을 빌리기 시작하는 것이지요. 실제로 아편 중독 환자를 정상인과 비교한 연구에서는 아편 중독 환자들에게서 사망, 질병, 법률 문제, 직업적 어려움, 기타 여러 가지 개인적 문제 등의 발생이 높았던 것으로 나타났습니다(Askari, Hassanbeigi & Fallahzadeh, 2011). 더 중요한 것은 발생 확률만 높이는 것이 아니라 중독 재발에도 결정적 영향을 미치는 것이 바로 스트레스였습니다(Ungless, Argilli & Bonci, 2010).

좀 더 최근 연구 보고도 있습니다. 중동 아시아에서 이루어졌던 연구입니다. 정상 그룹과 아편 그룹의 스트레스 정도를 측정하여 중독과 스트레스의 관계를 살펴본 연구였습니다. 각각 150명을 대상으로 이루어진 이 연구에 따르면, 역시 중독 그룹에서 더 많은 스트레스 요인과 더 높은 스트레스 수준이 나타났습니다. 그뿐만이 아니라 스트레스를 대처함에 있어서도 다른 차원의 양상을 보였습니다. 중독 그룹은 좀 더 소극적이거나 자존감이 부족했습니다.

사회적 지원에 손을 내미는 대처도 상대적으로 부족했습니다. 중독 증세가 심한 그룹에서는 스트레스 상황도 확대 해석하는 경향이 강했고, 스트레스 대처에 있어서도 부정적 시각을 가지고 있었습니다. 해당 연구자들은 스트레스는 또 다른 스트레스를 부르고 결국 중독 증세에 이르기 쉬운 구조로 전환하고 심한 스트레스는 중독 증세로 이어질 수 있으니 항상 적극적 대처를 요한다고 덧붙이고 있습니다(Hassanbeigi, Askari, Hassanbeigi & Pourmovahed, 2013).

최근 스마트폰 중독이 사회적, 개인적, 심리적 문제로 확산되며 여러 가지 기능적 장애를 초래할 수 있다는 우려가 커지고 있습니다. 스마트폰 중독은 수면의 질 저하, 안녕감 감소, 불안 증가, 우울증 악화 등 여러 부정적 영향을 미칩니다. 또한, 스트레스가 스마트폰 사용을 과도하게 유도하며, 이는 감정 표현의 어려움과 일 미루기 증상을 심화할 수 있습니다. 특히, 청소년과 젊은 세대뿐만 아니라 노년층에서도 스마트폰 중독이 증가하고 있습니다.

스마트폰 중독은 게임 중독뿐만 아니라, 소셜 미디어 중독, 정보 습득 중독, 숏-폼 콘텐츠 중독 등 다양한 형태로 나타납니다. 최근 중국 연구(Tu, Nie, Liu, 2023)에 따르면, 스트레스가 심한 사람들은 소셜 미디어 중독과 정보 습득 중독에 더 취약하다고 보고되고 있습니다. 이는 개인의 스트레스가 스마트폰 중독에 큰 영향을 미치는데, 사람들이 스트레스 해소를 스마트폰 활용을 통한 사회적, 정보적 연결로 찾으려 한다는 점을 시사합니다.

스마트폰 중독은 또 다른 문제로 연결됩니다. 바로 도박 중독입니다. 도박 중독은 반복적으로 계속되는 부적응적인 도박 행동입니다. 도박 행동은 자기의 통제권을 벗어나 제어가 되지 않는 행동으로 이어지고 있는 것입니다. 과거에는 카지노, 경마, 경륜, 경정 등 사행성 스포츠 현장에나 가야만 도박을 할 수 있었습니다. 하지만 스마트폰의 발달로 손안에서 쉽게 도박을 할 수 있는 시대가 도래했습니다. 그만큼 도박 중독 환경에 노출이 많이 되었다는 얘기입니다.

국립정신건강센터에 따르면 우리나라 도박 중독자가 250만 명 가까이 된다고 합니다. 최근 2년 동안 불법 도박 40배 증가(갤럽, 2018), 3년 새 도박 중독자 50% 증가(갤럽, 2017), 더 우려스러운 부분은 도박 관련 보고 내용에서 '청소년 도박', '대학생 도박' 등의 키워드가 증가하고 최근 도박 중독의 가파른 상승세를 이끈 세대가 바로 20~30대라는 것입니다. 그만큼 젊은 청소년 및 대학생들의 도박 중독이 더 이상 TV나 드라마에서나 나오는 이야기만은 아닙니다.

이런 도박 중독에 스트레스가 한몫을 단단히 하고 있습니다. 특히 어린 시절에 겪은 학대, 성범죄, 폭력 등의 스트레스는 도박 중독의 방아쇠 역할을 합니다. 가족의 자살이나 불행 등도 역시나 도박 중독에 빠지는 촉매제입니다. 그들에겐 도박이 현실 회피나 도피처로 쓰입니다. 정서적, 신체적 스트레스 요인으로부터 벗어나고 도피할 수단을 도박에서 찾는 것입니다.

젊은 대학생들의 도박 중독 증가는 자신의 정체성 혼란에 따른 스트레스 요인 증가가 도박과 같은 위험한 행동 증가로 이어집니다. 도박은 스트레스 요인에 대한 대처 능력이 떨어지거나 부적응적인 대처 방법을 찾는 이들에게 많이 나타납니다(Hagen, et al., 2013). 낯선 땅에서 고(苦)되고 스트레스를 더 많이 받는 이주민들이 도박의 늪에 빠지기 쉽다고 보고한 연구를 통해서도 스트레스가 도박과 깊은 관련이 있음을 알 수 있습니다(Jacoby, et al., 2013).

사람들이 도박에 빠지는 가장 결정적 원인은 기대와 보상에 대한 심리입니다. 오늘 내가 카드 게임 한 번만 더하면 어제의 부진을 만회할 수 있을 것 같은 기분이 도박에 빠지는 이유입니다. 이런 기대와 보상에 관여하는 인체 호르몬 중에 도파민이 있습니다. 그런데 이 도파민이라는 호르몬은 적절하게 우리 인체에 공급이 되어야 하는데 갑자기 너무 과하게 공급이 되면 도파민을 수용하는 수용체들이 문제를 일으킵니다.

우리가 음식을 너무 갑자기 많이 먹으면 소화 불량이 생기면서 체하듯이, 도파민도 갑자기 많은 양이 분비되면 문제를 일으킵니다. 대표적으로 도파민 과잉 분비가 일어나는 상황이 마약, 술 등을 섭취했을 때입니다. 그렇게 과잉 상태로 도파민을 한 번 분비하게 되면 도파민을 수용하는 곳들이 문제가 생깁니다. 도파민 수용체에 문제가 생기면 더 과한 도파민 분비를 찾아가는 것이지요.

즉, 더 과한 자극을 요구하는 것입니다. 여기서 도박 중독과 스트레스를 연결할 수 있습니다. 만성 스트레스에 오랫동안 노출되면 체내에서 도파민 생성이 약해지거나, 도파민 수용체에 문제가 생기면서 뭔가 좀 더 자극적인 것에 현혹되기 쉬워집니다(Bloomfield, McCutchen, Kempton, Freeman, Howes, 2019). 금연을 잘하다가도 스트레스를 받으면 다시 흡연을 하게 되는 원리도 비슷한 원리입니다. 흡연이라는 작은 보상이라도 찾고자 하는 심리가 금연을 어렵게 만드는 것입니다.

결국, 스트레스에 대한 대처를 약물이나, 새로운 볼거리를 무한정 제공하는 스마트폰, 끊임없는 기대와 보상 심리를 자극하는 도박에 의존하면 의존할수록 더 큰 중독에 빠지기 쉽습니다. 각자에게 맞는 건강한 스트레스 대처법이 필요한 이유를 여기서 찾을 수 있습니다.

06

스트레스 대처

이 장에서는 기존에 나와 있는 스트레스 대처 방법을 재조명해 봅니다. 동시에 스트레스 대처로 활용될 수 있는 다양한 방법을 심리적 이론과 연결 지어 효율적이고 효과적인 스트레스 방지책에 대해 알아보겠습니다.

6-1

테스토스테론을 찾아 떠나라!

다음에 설명하는 내용은 우리 몸속에서 분비되는 어떤 호르몬을 설명하는 내용입니다. 어떤 호르몬에 관한 내용인지 독자 여러분들도 한 번 예측해 보기 바랍니다.

'체지방을 줄이는 데 큰 역할을 합니다. 튼튼한 뼈를 만들기도 합니다. 강한 심장을 만듭니다. 혈당 조절에 매우 큰 영향을 미칩니다. 우리의 기분을 조정합니다. 사회적 경쟁과 지배력 정도에 따라 분비되는 정도의 차이가 있습니다.'

정답은 남성 호르몬으로 알려진 테스토스테론입니다. 소제목이 테스토스테론이 아니었다면 예측하기 쉽지 않았을 겁니다. 앞서 설명이 있었던 것처럼 테스토스테론이라는 성호르몬은 스트레스와 관련이 매우 깊습니다. 스트레스를 받게 되면 그 수치가 떨어지고 수치가 떨어진 상태에서는 스트레스에 더 민감하게 반응할 수밖에 없습니다. 그래서 테스토스테론이라는 호르몬 수치 관리는 스트레스 관리에 있어 매우 중요한 부분입니다.

우선 테스토스테론의 기능적 역할에 대해 알아보겠습니다. 첫째, 테스토스테론은 잘 알려져 있는 것처럼 남성성(性)을 드러내 주는 기능을 합니다. 남성성(性)하면 여러분은 가장 먼저 무엇이 떠오릅니까? 굵은 목소리, 공격성, 우람한 근육, 튼튼한 골격, 튼튼한 심장 등이 가장 먼저 떠오를 것입니다. 테스토스테론의 기능을 설명한 단어의 이미지를 살펴보면 뭔가 튼튼하고 강한 이미지가 떠오릅니다. 테스토스테론은 단어가 주는 이미지처럼 인체에 강함을 선물합니다. 물론 너무 지나쳐 공격성, 파괴성 같은 문제를 일으키기도 합니다만 적절한 테스토스테론은 긍정적 기능을 많이 합니다.

둘째, 테스토스테론은 대사 기능에 중요한 역할을 합니다.

대사 기능은 먹고 마시는 것에 대한 분해, 배출, 흡수, 섭취와 같은 것을 의미합니다. 테스토스테론은 이러한 대사 과정에서 근육량 증가와 지방 분해를 촉진하는 역할을 합니다. 따라서 테스토스테론 분비가 줄어들면, 신체는 에너지를 효율적으로 사용하지 못하고 지방이 축적되어 비만으로 이어질 가능성이 높아집니다. 성장기 청소년들이 상대적으로 고령층보다 많이 먹어도 살이 쉽게 찌지 않는 이유도 이런 맥락에서입니다. 청소년은 테스토스테론과 성장 호르몬이 왕성하게 분비되어 기초 대사율(Basal Metabolic Rate)이 높습니다. 이로 인해 상대적으로 많이 먹어도 지방으로 축적되지 않고 에너지로 사용되기 쉽습니다. 반면, 고령층은 테스토스테론 분비가 감소하면서 근육량이 줄고 지방이 증가하여 같은 음식을 섭취해도 체중 증가로 이어질 가능성이 큽니다.

셋째, 테스토스테론은 우리의 기분에 많은 영향을 미칩니다. 다양한 연구에 따르면 테스토스테론 호르몬 수치 저하는 기분 저하, 피로감 호소, 의욕 상실 등에도 깊은 관련이 있음을 알 수 있습니다. 우리가 스트레스에 대처하기 위해 테스토스테론 관리에 신경을 써야 하는 이유가 여기에 있는 것입니다.

대략적으로 테스토스테론의 기능에 대해 알아보았습니다.

그러면 여기서 다시 한번 여러분께 몇 가지 질문을 해보겠습니다.

· 요즘 활력이 많이 떨어졌습니까?

· 식사량에 비해 살이 찌는 느낌이 자주 있습니까?

· 과거에 비해 성욕이 떨어졌습니까?

· 과거에 비해 기분이 자주 우울해집니까?

· 과거에 비해 사소한 일에 예민해진다는 느낌이 자주 듭니까?

· 과거에 비해 귀찮다는 느낌이 자주 듭니까?

이러한 질문들은 모두 여러분의 테스토스테론 수치를 가늠할 수 있는 질문입니다. 여러분은 몇 개나 해당되나요? 몇 개이상 '예'를 대답하면 테스토스테론 수치에 '문제가 있다'라고 하는 정량화된 기준은 없지만 이 질문 모두는 테스토스테론과 관련이 깊은 문항입니다(『코티솔 조절법』, 숀 탤보트, 전나무 숲).

눈치챈 독자들도 있겠지만, 조금 더 들어가 보면 위 질문들은 우리가 스트레스를 많이 받을 때와 비슷한 증세입니다. 스트레스 인지율 증가와 테스토스테론 감소는 반비례 관계에 있습니다. 스트레스가 가중되면 테스토스테론이 감소하고 테스토스테론 수치가 잘 유지되면 효과적인 스트레스 관리가 되고 있다고 볼 수 있습니다.

좀 더 구체적으로 테스토스테론 호르몬과 스트레스의 관련성을 알아보겠습니다. 스트레스 호르몬과 테스토스테론이 분비되는 곳 중 일부 겹치는 부분이 있습니다. 스트레스 호르몬(코르티솔)을 분비하는 부신(Adrenal gland)은 신장 옆에 위치한 작은 기관으로, 테스토스테론 분비에도 중요한 역할을 합니다. 스트레스가 증가하면 부신이 코르티솔 생산에 집중하게 되어, 테스토스테론을 분비할 여력이 줄어듭니다. 결과적으로, 과도한 부정적 스트레스는 테스토스테론 분비를 억제하게 됩니다. 이러한 이유로 스트레스 호르몬과 테스토스테론 분비량은 반비례 관계를 보입니다.

또 하나 눈여겨볼 부분은 테스토스테론이 연령과 성별 차이를 두고 분비된다는 것입니다. 여성보다는 남성이 10배 정도 많이 분비되고 남녀 모두 30세 이상부터는 감소하기 시작하고 45세가 되면 20세에 비해 절반 정도로 분비량이 줄어듭니다. 나이를 먹을수록 자꾸 우울해지고 슬픈 드라마가 더 슬프게 느껴지는지 이해가 가는 부분입니다. 나이를 먹으면 눈물이 많아진다고 하는데 그것도 이런 이유에서 찾을 수 있습니다. 반면에 아이들의 항상 밝은 모습은 반대의 이유에서 찾을 수 있습니다. 남성보다 여성이 스트레스에 취약한 것도 같은 맥락으로 이해할 수 있습니다.

해외 연구에 실린 실제 인터뷰 내용을 살펴보면 테스토스테론이 사람의 감정에 어느 정도 영향을 미치는지 가늠할 수 있습니다. 다음은 해당 연구 중 일부를 발췌한 내용입니다 (Giovanna, Chiara, Valentina, Paolo, Chiara, Fabio, 2018).

"저는 과거에는 슬픈 감정이 들거나 눈물이 나면 조절하기 어려워 한참을 울었어요. 하지만 테스토스테론 치료를 받고 나서는 감정을 조절하기 쉬워졌어요. 과거보다 더 슬픈 감정이 밀려올 때도 있지만 과거처럼 울거나 슬퍼하는 정도가 덜해졌어요. 눈물을 흘리는 일은 거의 없어요. 마지막으로 울어 본 게 언제인지 기억이 나질 않아요."이처럼 우리의 성(性)을 구분하는 역할만 하는 것으로 알려진 테스토스테론은 우리의 감정에도 지대한 영향을 미칩니다.

그뿐만이 아니라 테스토스테론은 외부 스트레스에 더 강한 내성을 심어 줍니다. 다음은 그것을 이해하기 위한 짧은 실험 내용입니다. 테스토스테론과 스트레스 반응을 실험하기 위해

CPT(The Cold Press Test) 실험 설계를 많이 합니다. CPT 실험은 차가운 물(0~4℃)에 손을 집어넣고 통증 정도를 확인하는 실험입니다. 차가운 물에 5분가량 손을 담근 이후 참여자의 혈압, 맥박, 코티솔 수치 등을 확인하는 실험입니다. 차가운 물에 손을 담그고 있으면 일정 시간이 지남에 따라 손이 차가워짐을 느끼면서 우리는 그것을 스트레스로 인식하고 몸속에서 혈압, 맥박, 코티솔 수치 등 스트레스와 관련한 다양한 생리적 변화가 일어납니다. 그런데 테스토스테론 수치가 높은 사람들이 이 차가움을 더 잘, 그리고 더 오래 견딘다는 보고가 있습니다. 이것은 테스토스테론 수치가 높은 사람들이 스트레스에 더 강한 내성을 가진다는 것을 의미합니다. 여기에 한 가지 더 스트레스 조건을 추가해서 CPT 실험을 합니다. 차가운 물에 손을 담그고 어려운 암산 문제 같은 스트레스 조건을 추가합니다. 이런 상황에서도 테스토스테론이 높은 그룹이 더 스트레스에 내성이 있는 것으로 나타났습니다. 추가로 경쟁이라는 조건을 추가해도 역시 테스토스테론이 높은 쪽에서 더 높은 성과를 나타내는 것으로 보고되고 있습니다.

현대인들은 엄청난 경쟁 속에서 살고 있습니다. 우리가 일상에서 겪게 되는 다양한 경쟁 또한 누군가에게는 큰 스트레스입니다. 경쟁이라는 스트레스에서도 테스토스테론은 매우 중요한 역할을 합니다.

한 국가에서 가장 큰 경쟁 문화라고 하면 무엇이 떠오릅니까? 저는 개인적으로 대통령 선거가 아닐까 싶습니다. 그것도 전 세계적으로 가장 강력한 주도권을 가진 미국이라는 나라의 대통령 선거는 그야말로 초경쟁적이고 온갖 스트레스가 총망라되어 있다고 봐도 무방할 것입니다. 이런 미국 대선에서도 테스토스테론은 큰 관심에 대상이 되었으며, 트럼프는 실제 한 TV 방송에서 자신의 테스토스테론을 포함한 여러 호르몬 수치를 공개하기도 하였습니다. 그 당시 가장 많은 관심을 받은 수치는 역시 테스토스테론이었습니다. 나아가 트럼프의 국정 운영 내내 테스토스테론이 많은 영향을 미쳤다고 각종 언론과 매체들은 트럼프의 테스토스테론을 입방아에 올렸을 정도입니다.

제가 대학에서 학생들을 대상으로 강의할 때 자주 던졌던 질문이 있습니다. 싸움은 싸움인데 대선이 아니라 호랑이와 사자의 싸움을 예로 질문을 해봅니다. 여러분도 한번 생각해 보세요. 호랑이와 사자가 싸우면 어느 동물이 이길 것 같습니까?

우선은 배고픈 놈이 이길 확률이 높습니다. 그 배고픈 놈을 이기는 놈이 바로 즐기는 놈입니다. 즐기는 놈은 스트레스가 적고 테스토스테론이 비중이 높기 때문에 그렇게 해석할 수 있습니다. 물론 농담 반 진담 반으로 던진 질문이고 내린 답이 지만 전혀 근거 없는 얘기는 아니라고 생각합니다.

현대의 경쟁 사회는 마치 아프리카 사바나의 동물 세계를 떠올리게 합니다. 하지만 여기서 중요한 것은 단순히 강한 자가 살아남는 것이 아니라는 점입니다. 테스토스테론을 효과적으로 관리하는 사람이야말로 진정으로 강한 자이며, 지속적으로 자신의 자리를 지킬 수 있는 사람입니다. 경쟁에서 승리하는 비결은 테스토스테론을 단순히 높이는 것이 아니라, 이를 잘 조율하고 활용하는 능력에 달려 있습니다.

우리는 흔히 주식시장을 전쟁터에 비유합니다. 주식시장에서도 테스토스테론은 큰 역할을 하고 있습니다. 하루에 수조 원이 왔다 갔다 하는 주식거래 현장에 근무하는 주식 거래인들의 테스토스테론 수치 변화는 투자 수익률에도 영향을 미친다고 합니다. 주식 거래인들의 그 수치가 높을 때 수익률이 높고 수치가 낮을 때 수익률이 낮은 것으로 나타났습니다. 이런 것을 보면 테스토스테론은 우리의 지갑과 재테크에도 영향을 미칠 수 있을 것으로 생각합니다.

테스토스테론은 개인의 사회적 지위에 따라서 그 수준이 달라집니다. 하지만 테스토스테론의 수준에 따라 사회적 지위가 달라지기도 합니다. 다시 말해 높은 사회적 위치에 있는 사람은 테스토스테론이 높습니다. 반대로 테스토스테론이 높으면 사회적으로 많은 관심과 주위를 끌 수 있습니다. 쥐를 대상으로 한 테스토스테론 실험에서 그 근거를 찾을 수 있습니다. 어미쥐들은 여러 새끼쥐들을 핥으면서 새끼를 보호하고 기르는데 여러 새끼들 중 유난히 많이 핥아 주는 새끼 쥐들이 있다고 합니다. 그런 새끼쥐들은 바로 테스토스테론 수준이 높은 새끼 쥐들입니다. 어미쥐의 관심을 가장 많이 받는 쥐들은 테스토스테론 수준이 높은 새끼쥐들이고 암컷이나 수치가 낮은 쥐들은 상대적으로 덜 보살핌을 받습니다(Celia, 1982). 테스토스테론이 선사하는 활력소의 영향은 쥐들의 세계에서도 중요한 것 같습니다.

다양한 스트레스 속에서 살아가고 있는 현대인들에게 남녀를 불문하고 테스토스테론이 얼마나 중요하고 많은 의미를 가질 수 있는지 살펴봤습니다. 그러면 이렇게 중요한 테스토스테론 수준을 유지하고 관리하기 위해선 어떻게 해야 하는지 몇 가지를 제안해 보겠습니다.

우선 정기적으로 때가 되면 건강검진을 하듯이 테스토스테론도 검진을 하는 것이 좋습니다. 고려대 문두건 비뇨의학과 교수는 "고혈압, 이상지혈증, 당뇨병 같은 성인병이 남성 호르몬과 매우 깊은 관련이 있기 때문에 테스토스테론 수치를 체크할 필요가 있다"고 합니다. 검사 결과 350ng/dL 미만으로 나오면 의사와 상담하여 꼭 처방받을 필요가 있습니다. 참고로 트럼프가 처음 대선 당선 시 나이가 70세였으며, 테스토스테론 수치가 440ng/dL이었다고 합니다.

다음은 백 번 애기해도 지나치지 않은 근력 강화 및 근육 증가를 위한 웨이트 트레이닝 운동입니다. 테스토스테론 호르몬은 주로 남성의 신체 기관인 고환에서 생성됩니다. 물론 소량이긴 합니다만 난소에서 분비되지만 그 양은 비교할 바가 못 됩니다. 그런데 전문가들 사이에서 제2의 고환이라고 불리는 곳이 있습니다. 그곳이 바로 근육입니다. 그러나 혹시나 해서 이야기하자면 여성 독자들은 오해하지 않으시길 바랍니다.

근육 운동을 한다고 해서 여성성을 잃어버린다는 뜻은 절대 아닙니다. 그만큼 근육 운동을 하면 튼튼한 뼈와 근육을 얻을 수 있다는 뜻입니다. 전문가들이 근육을 제2의 고환이라고 하는 것은 근육이 테스토스테론 호르몬 전 단계로 볼 수 있는 DHEA 호르몬을 형성하는 데 중요한 역할을 하기 때문입니다. 근육을 만드는 데는 DHEA가 필요하고 많아진 근육량은 DHEA가 만들어질 더욱 좋은 조건이 됩니다. 이렇게 되면 테스토스테론 수치가 올라갈 개연성이 높아집니다. 따라서 꾸준한 근육 관리는 테스토스테론 유지에 매우 도움이 됩니다.

세 번째도 역시 운동입니다. 운동 중에서 유산소 운동입니다. 유산소 운동 제1의 목적은 지방 제거입니다. 지방 제거와 테스토스테론이 무슨 관계가 있냐고요? 관계가 깊습니다. 지방 세포에는 아로마타제(aromatase) 효소가 있습니다. 이 효소는 테스토스테론을 여성 호르몬인 에스트로겐으로 변환하는 역할을 합니다. 이러한 특성 때문에, 아로마타제 억제제는 유방암 치료에 사용됩니다. 하지만 지방 세포가 너무 많아지면 아로마타제 효소의 활성도가 증가해, 테스토스테론이 에스트로겐으로 전환되는 비율이 높아집니다. 이로 인해 테스토스테론 호르몬의 불균형이 생기고, 다양한 건강 문제를 유발하고 스트레스에 취약성을 드러낼 수 있습니다. 따라서 유산소 운동을 통한 지방 제거는 아로마타제 효소의 과도한 활성을 억제하고, 소중한 테스토스테론을 보호하는 데 필수적입니다.

마지막으로 상대적 우월감에 취할 수 있는 자기만의 세계

혹은 취미생활 하나쯤은 가지고 있어라!입니다. 여러분들 영화 좋아하시나요? 저는 개인적으로 블록버스터, 액션 영화 같은 장르에 영웅의 이야기를 담은 영화를 좋아합니다. 그런 영화 한 편 재미있게 보고 나오면 마치 내가 영화 속 주인공처럼 어마무시한 힘을 가진 절대 영웅인 듯 귀여운 착각을 할 때가 있습니다. 바로 그럴 때가 테스토스테론이 일시적으로 상승하는 시기입니다. 그런 귀여운 착각을 자주 하는 게 좋습니다.

그런 귀여운 착각 중에 저는 파워포징(power posing)을 권합니다. 파워포징 가설은 하버드 대학 심리학 교수인 Amy Cuddy가 제안한 개념으로 자신감 넘치는 몸짓을 자주 하면 몸에서 분비되는 호르몬 변화가 일어난다는 개념입니다. 쉽게 말해 우리가 소위 얘기하는 거만한 포즈를 취하면 테스토스테론 호르몬 분비가 일어난다는 것입니다. 물론 아직까지는 가설 검증에 있어 논란의 여지가 있습니다만 다양한 선행 근거에 비추어 봤을 때 저자의 파워포징 가설은 매우 타당한 가설로 보입니다. 따라서 여러분도 직장, 가정, 학교, 대인관계 안에서 기분이 침체될 때마다, 습관적으로 파워포징 자세를 몸에 익히도록 하십시오. 그렇게 함으로써 테스토스테론 수치 유지에 도움이 될 것입니다.

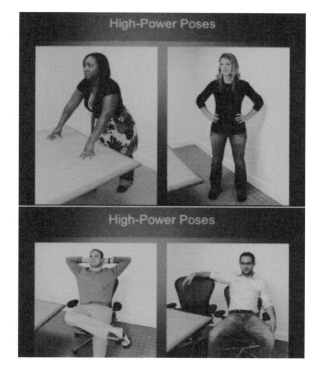

[그림 10] 파워 포징 예시

귀여운 착각을 넘어서서 실제 승자가 자주 되어 보면 테스토스테론 수치 증가에 더욱더 도움이 됩니다. 본인이 직접 승리의 쾌감을 맛보고 호르몬 수치를 올리는 것은 매우 좋은 방법입니다. 하지만 여건과 상황이 녹록지 않을 때는 승자의 팀을 응원함으로써 테스토스테론 수치를 올릴 수 있습니다. 월드컵축구 결승에서 승리팀을 응원한 관중의 테스토스테론 수치가 패배팀을 응원한 관중의 수치보다 높았는데, 그것은 자기가 응원한 팀이 우승을 하면 마치 본인이 승리한 것 같은 기분에 취해 호르몬 수치가 올라간 것으로 유추할 수 있습니다.

테스토스테론은 개인의 주도성과 사회적 지위와 밀접한 관련이 있습니다. 특히, 자신의 주도로 헤게모니를 장악하고 사회생활을 주도적으로 이끌어가는 사람들은 테스토스테론 수치가 더 높게 나타나는 경향이 있습니다. 이를 더 현실적으로 풀어보면, 다음과 같은 활동이 테스토스테론 수치를 증가시키는 데 도움을 줄 수 있습니다.

· 불특정 다수에게 본인의 전문 지식이나 기술을 가르치는 활동
· 자신의 지식과 경험을 타인과 공유하며 인정받는 경험
· 누군가가 부러워할 만한 특기나 재능을 발휘하는 일

이러한 활동은 자신감을 높이고, 사회적 성취감을 증진시켜 테스토스테론 분비를 촉진합니다. 결국, 자신의 능력을 적극적으로 발휘하고 타인과의 긍정적인 연결이 많아질수록 개인의 심리적 만족감과 호르몬 균형이 좋아져 스트레스에 더 효과적으로 대처할 수 있습니다.

우리가 일상에서 테스토스테론을 유지하고 증가시키기 위해서는 '승자 효과'라는 것을 적극 이해할 필요가 있습니다. 이것은 동물이든 사람이든 승자의 위치에 있을 때 테스토스테론 분비가 왕성하게 일어난다는 심리학 용어입니다. 또한 자주 승리해 본 사람은 테스토스테론 수치가 높습니다. "나는 타인과 상대해서 이길 게 별로 없는데" 하시는 분들이 많으실 겁니다. 물론 꾸준한 자기 계발로 승리할 아이템을 많이 만들어 놓으면 좋겠지만 그렇지 못할 경우 승리할 수 있는 상황에서만 경쟁에 들어가 보는 것도 도움이 됩니다. 우리가 한일전 스포츠 경기는 제기차기도 이겨야 한다는 말을 하죠. 한일전은 무조건 이겨야 한다는 뜻입니다. 하지만 제가 하고 싶은 이야기는 가능한 한 이길 수 있는 상황과 조건을 충분히 만들어 놓고 경쟁에 들어가자는 것입니다. 이길 수 있는 전제를 많이 만들어 놓거나 이기는 게임만 하는 것이 테스토스테론 유지에 매우 큰 도움이 됩니다.

무한 경쟁에 놓여 있는 현대인들의 삶에서 경쟁이라는 스트레스를 상쇄하기 가장 좋은 아이템 중 하나가 테스토스테론임에는 그 누구도 부인하지 못할 것입니다. 남녀 모두, 문제의 테스토스테론 호르몬 관리를 잘해서 스트레스를 현명하게 다루길 바랍니다.

6-2

마음 보듬기(명상)

저는 언제부턴가 샤워를 하고 나면 꼭 피부 보습제를 바르기 시작했습니다. 피부 보습제라는 것을 모르고 반 백년을 살다가 작년 즈음부터 바르기 시작했는데 이런 물건이 왜 나왔는지 이해가 가더군요. 어렸을 때는 피부도 덜 건조하고 피부 보습제라는 걸 모르고 살았는데 중년(?)을 바라보는 나이가 되니 이런 물건을 써야겠다는 생각이 많이 들더군요.

마음 보듬기라는 소제목에 피부 보습제 얘기가 너무 뜬금 없었나요? 그렇지 않습니다. 요즘같이 우리 마음을 건조하게 많이 만드는 시절이 또 있었을까요? 한 해 한 해 갈수록 우리의 마음을 건조하게 하는 일들은 더 많아지게 되는 것 같습니다. 그래서 나이가 더해 갈수록 피부 보습제가 더 필요하듯이 마음을 보듬어 줄 수 있는 마음 보듬기가 더 필요한 것 같습니다. 우리 마음을 건조하게 만드는 요소는 일일이 열거하기 힘들 정도로 많다는데 이의를 제기할 독자는 없을 것입니다. 그래서 제가 두 번째로 제안하는 스트레스 관리법으로 마음 보듬기입니다.

명상

마음 보듬기를 위해 명상을 제안하고 싶습니다. 여러분은 명상이라고 하면 어떤 이미지가 떠오르는가요? 조용한 산속에서 가부좌를 틀고 흐르는 강물을 옆에 두고 새 소리를 들어가며 눈을 감고 뭔가를 하는 것이라는 생각을 많이 하실 겁니다. 그래서 그런 명상은 크게 마음먹고 어디 가서 해야 한다고 생각하는 독자들이 많습니다. 하지만 제가 이 장에서 얘기하는 명상은 그런 명상은 아닙니다. 조금 더 현실적으로 내 생활권에서 할 수 있는 명상 방법을 제안하고자 합니다.

우선 명상에 대한 과학적 접근이 어디까지 와 있는지 살펴보겠습니다. [그림 11]은 명상을 과학적으로 접근해서 발표한 논문의 증가 추이입니다. 그래프에 따르면 명상 관련 논문 수가 2010년부터 급격한 증가 추세를 보이고 있습니다. 이것은 최근 10년 미국 금융 사태, 코로나 팬데믹 같은 스트레스원의 가파른 증가세와 맞물립니다. 나아가 명상과 스트레스 사이의 관심이 증가한 것이라고 유추할 수 있습니다(『명상하는 뇌, 대니얼 골만, 리처드 데이비드슨, 김영사』).

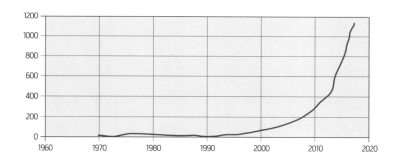

[그림 11] 명상을 다룬 과학 논문 수

명상 관련 연구는 다음과 같이 다양한 형태로 보고되고 있습니다.

3개월간 명상을 꾸준히 했던 사람들은 인간의 노화와 수명에 직접적으로 깊은 관련이 있다고 알려진 텔로미어(telomere)에 매우 긍정적인 영향을 받은 것으로 나타났습니다.

텔로미어의 길이는 그 길이가 짧을수록 노화가 급속도로 진행되고 수명이 단축됩니다. 앞서 스트레스 수준과 텔로미어 길이는 반비례 관계에 있음을 살펴보았습니다. 부정적 스트레스가 과도해지면 텔로미어 길이를 짧게 만듭니다. 곧 부정적 스트레스는 생명 단축을 의미하기도 합니다. 그런데 꾸준한 명상이 텔로미어의 길이 단축을 억제한다는 것은 명상이 부정적 스트레스로부터 우리를 지킬 수 있는 소방수 역할을 충분히 할 수 있음을 의미합니다(Schette & Malouff, 2014).

캘리포니아대학교 로스앤젤레스 캠퍼스(UCLA)의 한 연구팀이 발표한 보고에 따르면 명상은 뇌 수축 속도를 줄이면서 노화를 예방하며, 그 정도는 비(非)명상인들에 비해 평균 7.5세 정도 뇌 나이가 젊어진다고 하였습니다. 명상과 뇌의 노화 속도 관계는 명상 수련 시간이 더해 갈수록 뇌의 노화 속도가 더 더뎌진다고 합니다. 나아가 몇몇 대상자들에게서는 뇌의 피질 주름이 더 많아짐으로써 뇌의 성장까지 이루어질 수 있다고 보고했습니다(Luders, Cherbuin, Gaser, 2016).

명상은 우리의 최종 목적지인 행복감과도 매우 깊은 관련이 있습니다. 우리의 뇌는 특정 상황에 노출되면 특유의 뇌파가 증가합니다. 행복감을 느낄 때도 역시 특유의 뇌파가 나옵니다. 행복감을 느낄 때는 주로 감마파(Gamma Waves)와 알파파(Alpha Waves)가 주로 나옵니다. 이런 감마파, 알파파가 행복할 때뿐만이 아니라 명상할 때도 많이 나옵니다. 승려들이 명상할 때의 뇌파를 측정해 보니 명확하게 알파파, 감마파 계열 뇌파가 증가하였습니다(Kaul, Passafiume, Sargent, O'HARA, 2010). 또한 명상을 자주 하면 우리 뇌의 한 부분인 회백질이라는 곳의 밀도가 증가합니다(FEELguide, 2014, 11월 19일). 회백질은 우리의 인지 기능과 매우 깊은 관련이 있는 곳이며 감정 조절 능력과도 관계가 깊습니다. 이런 회백질 밀도가 명상과 연관이 많다는 것은 명상으로 다양한 감정 처리에 능숙해질 수 있으며 결과적으로 행복감과 가까워질 수 있다는 것을 의미합니다.

명상은 불편한 상태를 편하게 해줍니다. 사회적 스트레스 테스트(Trier Social Stress Test, TSST)란 실험 툴(tool)을 예로 들어 보겠습니다. TSST 실험은 입사 시험을 치를 때의 분위기에서 실시합니다. 그런 가상의 압박적인 상황에서 실험 참가자들을 엄청난 스트레스 아래에 놓이게 합니다. 거기에 더해 어려운 암산 문제를 맞히라고 강요합니다. 중간중간 시간을 재촉합니다. 상상만 해도 진땀이 나지 않습니까? 이런 실험 툴을 TSST라고 합니다. 이런 어려운 상황에서도 명상을 꾸준히 해온 사람들은 부정적 감정을 인식하는 뇌 영역인 편도체 부분이 상대적으로 덜 활성화됩니다. 혈압, 코티솔 수준도 모두 상대적으로 안정적인 것으로 나타났습니다(Rosenkranz, Davidson, Maccoon, Sherdan, Kalin, Lutz, 2013). 이처럼 명상은 시험 굴레에서도 안정감을 가져다줍니다.

현재 내가 어느 정도 스트레스를 받고 있는지를 가늠할 수 있는 가장 직관적인 척도가 피부 상태입니다. 피부 상태는 내 감정적 흔들림 상태를 알아볼 수 있는 좋은 창(窓)입니다. 이런 피부에 의도적으로 염증 반응을 유발시켜 명상이 가져다주는 효과를 검증한 결과 회복 속도가 빠른 것으로 밝혀졌습니다. 이후 명상은 피부 건선증에도 탁월한 효과가 있는 것으로도 나타났습니다(Rosenkranz, Lutz, Perlman, Bachhuber, Schuyler, MacCoon, Davidson, 2016). 이처럼 명상은 정말 좋은 피부 보습제임이 입증되었습니다.

여러분은 힘들고 지쳤을 때 어떻게 하나요? 집에 가서 푹 쉬고 싶다는 생각을 많이 하게 될 것입니다. 부정적 스트레스는 우리를 위험에서 벗어나도록 하기 위해 엄청난 에너지를 쏟게 합니다. 그 엄청난 에너지를 가장 많이 사용하는 곳이 바로 뇌입니다. 스트레스는 뇌를 지치게 만듭니다. 그래서 스트레스 이후에는 뇌를 쉬게 만들어 줘야 합니다. 뇌가 쉴 때 활성화되는 영역이 디폴트 모드 네트워크(Default Mode Network, DMN)입니다. 뇌가 쉬긴 쉬는데 다음 전투를 위해 잠시 숨 고르기를 하는 과정이라고 이해하면 됩니다. 뇌는 쉰다고 해서 전원을 all off 하는 것이 아니라 다음을 위해 활성화되어 있어야만 합니다. DMN에서는 고도의 전략적 인지 과정, 복잡한 수학적 계산 등이 아닌, 지난날 나의 행동에 대한 반성, 타인의 입장 이해, 다양한 공상, 상상 등을 하게 됩니다. 중요한 점은 DMN이 활성화될 때 없던 뇌신경의 새로운 길이 열린다는 것입니다. 뇌신경의 길이 새로 열린다는 것은 기존에 없었던 새로운 능력이 나에게 생긴다는 뜻입니다. 다시 말해 힘든 일, 어려운 일, 난해한 상황에 처했을 때 뇌를 디폴트 모드 상태(DMN)로 둬야 새로운 해결책을 찾기가 쉬워진다는 것입니다.

다양한 외부 스트레스를 극복하기 위해 우리는 늘 새로운 능력을 필요로 합니다. 새로운 능력을 만들어 주는 데 결정적 역할을 하는 DMN, 그 DMN을 잘 활성화하여 주는 것이 명상과 같은 활동입니다. 명상은 우리를 돌아보게 만들고 반성, 반추, 성찰, 인식 등을 하게 만듭니다. 이런 과정이 DMN을 활성화하는 과정이고, 그렇게 활성화된 DMN이 우리에게 창의력, 통찰력 등 새로운 능력을 가져다줍니다.

복잡한 계산이나 판단을 해야 하는 우리의 뇌는 휴식을 어떻게 보내느냐가 매우 중요합니다. DMN을 잘 활용하면 없던 답도 찾기가 한결 쉬워집니다. 중요한 DMN을 잘 활용하기 위해 명상을 생활화할 필요가 있습니다. 특히 온갖 스트레스로 지쳐 있는 현대인들에겐 명상이 더욱 필요합니다. 욕조에서 유레카를 외쳤던 아르키메데스도, 사과나무 아래서 어마어마한 법칙의 모티브를 얻었던 뉴턴도 결국 쉬면서, 명상을 하면서 DMN을 잘 활용해 역사가 기억할 만한 업적을 남겼습니다.

거듭 강조하지만 여기서 말하는 명상은 깊은 산속에서 하는 도인들이나 할 법한 그런 명상을 말하는 것이 아닙니다. 일상에서, 생활 속에서 스트레스가 인지된다 싶을 때 할 수 있는 약식 명상입니다.

우선 첫 번째는 온몸에 힘을 빼보는 것입니다. 몸에 힘을 빼는 명상적 행동은 크게 3가지로 나눕니다. 장딴지 부위, 골반 부위, 견갑골 부위 3가지로 구분해서 설명하겠습니다. 헬스장에서 운동을 조금이라도 해본 분은 더 이해가 쉬울 것입니다. 그중에서도 하체에 힘을 빼봅니다. 그러기 위해 책상 의자에 앉습니다. 그리고 두 무릎을 모읍니다. 그다음에 뒤꿈치만 최대한 들어 봅니다. 그러면 장딴지 근육이 단단해지면서 근육

경련이 일어날 것 같은 느낌이 들기도 합니다. 소위 얘기하는 쥐 내리는 기분이 듭니다. 그러면서 그 자세를 10초간 유지합니다. 그러다가 순간적으로 뒤꿈치를 툭 내립니다. 내릴 때는 천천히가 아닌 힘을 다 내려놓는다는 기분으로 툭 내립니다. 그러면 내가 얼마나 힘을 주고 있고 힘을 뺀다는 느낌이 어떤 느낌인지 자각하게 되어 힘을 뺄 수 있게 됩니다.

스트레스를 받으면 알게 모르게 장딴지 근육을 비롯한 다리 뒤쪽 근육이 불필요한 긴장을 하게 됩니다. 무서운 일을 겪게 되면 '오금이 저린다'라는 표현을 쓴 이 '오금은' 다리 뒤쪽 근육을 말합니다. 스트레스도 결국 오금을 저리게 할 수 있기 때문에 그쪽 근육의 이완을 도와줄 명상적 행동이 필요합니다. 눈을 감고 가만히 자신의 오금을 상상하면서 장딴지 근육 수축을 10초간 유지하고 순간적으로 힘을 탁 풀어 놓습니다. 그 같은 동작을 5회 반복합니다. 그러면서 마음속으로 자신의 장딴지 근육을 어린아이 다리처럼 상상하고 긴장을 풀고 이완시켜 줍니다.

그다음도 마찬가지로 책상 의자에 앉아서 하는 명상적 행동입니다. 골반 부위에 대한 힘 빼기입니다. 앉은 채로 다리를 90도로 만들어 줍니다. 그리고 양 무릎을 붙입니다. 붙인 양

무릎을 최대한 강하게 서로 밀어줍니다. 누가 여러분들의 무릎 사이에 낀 종이 한 장을 빼려고 하고 여러분은 그 종이를 안 빠지게 하려고 무릎을 강하게 밀고 있는 모습을 상상하면 쉽습니다. 그렇게 10초간 유지하다가 온 힘을 빼듯이 탁 벌어지게 둡니다. 탁 벌어질 때가 여러분이 골반 부분에 힘이 다 이완된 상태라고 보시면 됩니다. 그렇게 5회 반복합니다. 그러면 골반 부위에 힘이 빠지고 긴장된 느낌이 사라집니다.

[그림 12] 견갑골 부위 힘빼기

자! 다음은 몸통에 힘빼기, 즉 견갑골 부위 힘빼기입니다. 견갑골 힘빼기는 어깨 힘빼기를 말합니다. 스트레스를 받을 때 제일 많이 수축되는 부분이 어깨, 목 부분 근육인데 이곳의 긴장을 푸는 데 효과적입니다. [그림 12] 견갑골 부위 힘빼기를 참고 바랍니다. 보디빌딩 선수들이 시합 상황에서 꼭 하는 규정 포즈(pose) 자세 중 하나입니다.

[그림 12]와 같은 자세를 앉아 취해 줍니다. 최대한 가슴을 크게 부풀리고 허리는 얇게 하며 배는 최대한 뒤로 밀착합니다. 나의 가슴이 하늘 위를 쳐다본다는 상상을 하면 이해가 쉽습니다. 이렇게 10초간 유지하다 또 순간적으로 힘을 빼면서 툭 내려놓습니다.

주의할 점은 천천히 풀면 안 되고 누가 여러분의 팔을 잡아당긴다는 느낌으로 툭 내려놔야 합니다. 그 상태가 어깨 긴장을 다 내려놓은 상태입니다. 그렇게 5회 정도 반복하면 어깨가 가벼워집니다. 스트레스는 결국 여러분의 어깨 위의 짐이 되다 보니 어깨가 많이 무거울 것입니다. 그 무거워진 어깨를 가볍게 해줘야 합니다. 눈을 감고 최대한 가슴을 크게 부풀리고 마음속으로 '나는 거대한 사람이야'라고 외치고 10초 후에 풀어주기를 반복하다 보면 순간적인 스트레스를 잘 넘길 수 있습니다.

이상 세 가지가 인체에서 가장 중요한 길목인 장딴지, 골반, 견갑골(어깨, 머리) 부근의 긴장과 이완을 느낄 수 있는 명상 방법입니다. 위 방법은 스포츠 심리학 중 심리 기술 훈련(psy-chological skills training, PST)의 일부를 본 저자가 응용해 실제 학생들에게 적용해 본 명상법입니다. 이 방법을 시행한 결과 상당수의 학생들이 긴장 완화에 도움이 된다는 의견을 나타냈습니다.

[그림 13] 명상

이와 같은 방법으로 몸의 긴장을 푼 후, 다음에는 마음의 긴장을 한번 풀어보겠습니다. 여기서 마음은 감정, 정서 등을 말합니다. 흥분되고, 기대되고, 갈망하고, 열망하고, 고대(苦待)하는 마음입니다. 여러분은 언제가 기대되고, 고대하는 마음이 생깁니까? 좋은 여행지에서 들었던 음악, 보았던 경치, 산수(山水), 풍경 등을 떠올리거나 생각하면 그 당시의 감정이 다시 살아나면서 기분이 좋아집니다. 여기서 제가 착안한 방법이 있습니다. 독자들이 쓰는 모니터 화면에 그때 당시의 화면을 배경 화면으로 깔아 놓고 스트레스를 인지할 때마다 자주 보는 것입니다. 보면서 그때를 회상하고 감흥을 다시 귀환시켜 보는 것입니다. 물론 사랑하는 가족사진, 좋아하는 애견 사진 등도 매우 효과적일 수 있습니다. 실제 그렇게 하는 분들도 많을 것입니다. 다만 명상 접근법이라는 단어가 주는 뉘앙스처럼 조금은 호흡을 가라앉히고 차분히 그 당시의 감동으로 들어가 보는 것입니다.

눈으로 보는 것이 집중되지 않으면 추억의 소리를 오디오로 녹음하여 잠시 눈을 감고 들으면서 지금의 어려운 상황을 피해 가는 것은 어떨까요? 그 당시의 추억이 담긴 오디오면 최고이겠지만 그게 현실적으로 어려우면 그 당시 현장 분위기와 비슷한 현장의 소리를 담은 오디오도 좋습니다. 흔히 말하는 백색 소음이라고 합니다. 물소리, 빗소리, 장작 타는 소리 등이 그런 것입니다. 이런 소리를 들으면서 호흡을 정리하면 참으로 빨리 스트레스가 내려가는 걸 느낄 수 있을 겁니다. 너무 좋습니다. 뒤편에 소리가 우리에게 주는 여러 가지 장점을 소개하겠지만 소리만큼 우리의 감정을 쉽게 흔들 수 있는 것은 없습니다. 소리는 언어, 문화, 인종을 넘어서 우리에게 고유의 감정을 전달할 수 있습니다. 적극적으로 활용하여 보시기 바랍니다. 물론 적절한 호흡법을 사용하면서 하면 더욱 좋겠습니다.

마지막으로 머리의 긴장을 풀어보겠습니다. 몸과 마음이 어느 정도 해결이 됐으면 우리가 받은 스트레스가 다 해결되었을까요? 아닙니다. 마지막으로 이성, 즉 머리에 맺힌 스트레스를 풀어야 합니다. 머리에 맺힌 스트레스는 머리로 풀어야 합니다. 예를 들어 부모님이 공부를 잘 안 하는 자녀에게 "넌 누구를 닮아 머리가 왜 그 모양이냐"라며 큰소리로 꾸중을 하여 자녀가 스트레스를 받았다고 가정해 보겠습니다. 그럼 그런 스트레스를 몸과 마음으로 푼다고 풀어질까요? 잘 안 풀어집니다. 머리로 받은 스트레스는 머리로 풀어야 합니다. 예를 든 이 학생은 그럼 어떻게 머리로 풀어야 할까요? 평소 이 학생이 좋아하는 게임이든 어떤 특정 분야가 있을 겁니다. 그럼 이 학생은 그 분야에 난이도가 제일 어려운 부분에 도전하는 것이죠.

스트레스를 받을 때마다 스트레스 해소용으로 난이도가 제일 어려운 부분을 해결하고 나면 분명 스트레스가 어느 정도는 해소되고 자존감에도 덜 상처가 갈 것입니다. 조금 싱겁다는 독자도 있을 것입니다. 하지만 어려운 문제에 봉착할 때마다 어느 연예인은 수학 참고서의 영원한 베스트셀러 『수학의 정석』에 나오는 문제를 푼다고 합니다. 제가 아는 벤처 기업 대표 이사는 스트레스를 받을 때마다 아랍권 뉴스 등을 청취한다고 합니다. 알아듣는 단어가 언제나 나올까 집중하면 지금 당장 받은 스트레스가 잠시 잊혀진다고 합니다.

저는 스트레스를 받을 때마다 굉장히 어려운 통계 문제나 공식을 이해하려고 노력합니다. 물론 다 풀리고 다 이해되는 것은 아니지만 안 풀리고 이해를 못 해도 이건 원래 어려운 것이니까 하면서 스트레스를 받지는 않습니다. 그러면 지금 받은 스트레스가 사라지곤 합니다. 사라지는 것을 넘어서 연민, 이타(利他) 정신까지 생깁니다. 머리를 위한 명상 접근법도 초반에 언급했던 그런 명상은 분명 아닙니다. 스트레스를 받은 우리의 머리를 잠시 내가 좋아하는 분야에서 식혀가는 의미에서의 명상입니다. 다분히 여러분도 효과를 보리라 확신합니다.

명상은 자기를 의식화, 객관화해 보는 과정이며 동시에 나의 지금을 알아차리는 과정입니다. 또한 뇌를 초기화하여 할 일 많은 우리에게 재생산 기회를 더 많이 가져다줍니다. 현재 뭔가 막힌 부분이 있으면 잠시 그 현장을 머릿속으로라도 벗어난 후 다시 들어가 봅니다. 그러면 그것이 스트레스가 아닐

수도 있는 경우가 많이 있습니다. 제가 말하는 명상의 의미는 바로 그 점에 있었습니다. 현재에서 잠시 벗어날 수 있는 그런 상황을 머릿속으로 신체적으로 한 번 만들어 보는 것이죠! 그래서 그중에서 스포츠 심리 기술 훈련의 일부를 응용해 소개하기도 했고, 기존에 사용되던 방법을 적당히 가공해 여러분께 소개해 드렸습니다. 사무실, 학교, 지하철, 버스 등지에서 가볍게 할 수 있는 방법이라 더욱 권해 드립니다. 나아가 틈틈이 하게 되면 거친 세상 여러분의 충분한 보습제로도 그 역할을 할 수 있습니다.

6-3

적자생존(滴者生存)

적자생존(適者生存)이 아니라 적자생존(滴者生存)입니다!

찰스 다윈 할아버지가 말씀하셨던 현재의 환경에 적합한 객체가 현존할 확률이 높다는 학설이 적자생존입니다. 하지만 제가 말하는 적자생존은 개인 노트가 됐든 메모장이 됐든 적는 사람, 쓰는 사람이 생존할 확률이 높다는 것을 의미합니다.

적는 것은 힘이 있고 우리를 바꿔 줄 뭔가가 있습니다.

그 뭔가가 바로 저는 의식의 체계화라고 말합니다. 의식의 체계화라는 것은 거창한 것이 아닙니다. 머릿속에서 맴도는 것은 몽롱한 것입니다. 하지만 종이 위에 글로 새겨지는 순간 또렷한 것이 됩니다. 종이 위에 새겨지는 순간 또렷해집니다. 그 또렷함이 의식의 체계화로 이어지는 것입니다.

자신의 목표를 글로 써서 늘 보는 그룹과 머리로만 생각하는 그룹 간의 추후 연봉 차이를 조사했던 갖가지 실험 연구도 결국 글쓰기의 중요성과 의미를 말해 줍니다. 갑론을박 다양한 의견이 많이 나오고 있지만 이러한 실험 연구의 공통점은 우리의 의식을 체계화하고 또렷하게 하는 데 글쓰기가 매우 중요한 역할을 한다는 것입니다.

그럼 스트레스와 의식의 또렷함이 무슨 관련이 있을까요? 사실 우리 주변을 맴도는 다양한 스트레스는 실제 스트레스가 아닐 가능성이 매우 높습니다. 앞서 구성주의 부분에서 설명했지만 조금만 불편해도 우리는 그것을 스트레스라고 인식하는 경우가 매우 많습니다. 그래서 우리의 의식을 또렷이 해볼 필요가 있습니다.

머릿속에서 흐릿하게 떠도는 불편함이 과연 우리를 해할

수도 있는 진짜 스트레스인지 아니면 우리를 발전시킬 수 있는 발전 촉매제인지는 따지고 적어 보고 헤아려 봐야 합니다. 그래서 스트레스가 인지될 때마다 적어 보고 써봐서 명확하게, 더욱 또렷하게 따져 봐야 합니다.

운동선수들을 예로 한 번 볼까요? 현재 성인이 되어서도 명성을 떨치고 있는 세계적인 선수들의 공통점이 하나 있습니다. 바로 훈련 일지를 주니어 시절부터 지금까지 꾸준히 작성하고 있다는 것입니다. 세계적인 선수들의 공통분모에 왜 쓰기가 들어가 있을까요? 자명합니다. 쓰기는 우리의 의식을 또렷하게 해서 외부의 불편한 요소로 인해 흐릿해지기 쉬운 의식을 분명하게 해주기 때문입니다.

세계적인 선수들이 그 위치를 지키기 위해 혹은 그 자리에 오르기까지의 과정에서 느꼈던 스트레스와 우리가 일상에서 인지하고 느끼는 스트레스 어느 쪽이 더 강력할까요? 비교하기 쉽지 않습니다. 하지만 분명한 것은 그들은 그 스트레스를 이기고 목표한 바를 이루기 위해 글을 쓴다는 것이고 우리는 그런 면에서 미미하다는 것입니다. 그것이 우리와 그들의 차이라고 할 수 있습니다. 그들은 세계 정상이고 우리는 그렇지 못하다는 것입니다. 그럼 우리는 그들을 흉내 내고 벤치마킹해 볼 필요가 있습니다.

[그림 14] 세레나 윌리엄스

[그림 15] 니콜라 멕더모트

세계적인 스포츠 스타인 테니스의 세레나 윌리엄스와 높이 뛰기의 니콜라 멕더모트의 모습입니다. 이들은 그들이 평소에 적어 놓은 메모장 및 일기장을 저렇게 시합 당일 펼쳐 놓고 보는 습관이 있습니다. 그들은 그들이 받는 스트레스를 어떻게 극복해 왔고 지금 어떻게 해야하는지에 대한 혜안이 저 수첩에 들어 있다고 믿는 모습입니다. 저는 믿습니다. 적자생존이라고!!

비단 이들뿐만이 아닙니다. 국내를 대표하는 박지성, 박찬호, 김연아, 이청용, 여민지 선수도 늘 훈련일지를 작성하면서 지금의 의식을 더욱 또렷이 하려고 노력했다고 합니다.

스포츠정신의학 한덕현 교수는 "글쓰기는 빈틈만 보이면 우리를 침투하려고 하려는 심리적 바이러스에 대한 항바이러스 효과로 글쓰기만 한 것이 없다"라고 말합니다. 매우 공감합니다. 우리의 의식이 흐릿해지는 순간 우리는 부정적 사고로 흘러갑니다. 그게 우리 호모 사피엔스를 지금까지 존재하게 할 수 있었던 원천이었기 때문입니다. 그렇게 진화되어 왔기 때문입니다. 흐릿하면 부정으로 빠집니다.

반면 글쓰기는 자신감의 원천이 될 수 있습니다.

스포츠심리학자 인하대 김병준 교수는 글쓰기는 자신감으로 쌓여 우리를 강화한다고 합니다. 느낌이 좋았을 때나 느낌이 나빴을 때의 경우를 적으면 분명 강화할 방법이나 빠져나갈 방법도 같이 들어 있기 때문에 글쓰기는 우리에게 의지가 됩니다. 그 의지는 곧 자신감으로 이어질 수 있습니다.

불안(anxiety)은 앞에 뭐가 있는지 알 수 없을 때 우리가 느끼는 심리 상태입니다. 스포츠에서도 불안에 대한 연구가 많이 이루어지고 있습니다. 불안을 상쇄시킬 수 있는 좋은 방법이 바로 쓰기를 활용하는 방법입니다. 앞서 소개했던 스포츠 스타들이 바로 이에 대한 레퍼런스가 됩니다. 여러분들도 흐릿함에서 오는 불안과 스트레스가 인지될 때 쓰기를 적극 활용해 보기 바랍니다.

이런 글쓰기를 치료적 관점으로 적용해 그 효과를 연구하는 학자들도 있습니다. 미국 텍사스 대학의 제임스 페니베이커 교수가 그중 한 명입니다. 그에 따르면 글쓰기는 치료적 효과가 있으며, 면역 기능 향상, 정서 조절 향상, 대인관계 향상, 심리적 정화 작용까지 있다고 합니다.

자신이 현재 가지고 있는 다양한 정서를 글로 표현하면 그 정서가 어디서 기인되고 종착지가 어딘지 명확해진다고 합니다. 그뿐만이 아니라 전쟁, 자연재해에 따른 트라우마 치료에도 매우 효과적입니다.

하지만 그도 "단순한 글쓰기가 아니라 최대한 섬세하고 꼼꼼히 자신의 감정을 이해하고 느끼면서 글쓰기를 해야 그 효과가 더해진다"라고 말합니다. 이렇게 하면 꼼꼼히 자신의 감정을 이해하면서 해당 감정의 출발과 끝을 알 수가 있어 결국 해결의 실마리를 찾을 수 있습니다. 이것 또한 명상이고 알아차림이 된다고 할 수 있습니다.

그래서인가요. 일본의 한 의사는 글을 씀으로써 인체의 자율 신경계와 면역계가 안정화를 이룰 수 있다고 합니다(고바야시 히로유키, 『하루 세줄 마음정리법』). 그만큼 글을 씀으로써 불안과 두려움의 원인이 되었던 부분이 명확해지니 부정적 의식이 상쇄될 수 있습니다. 눈에 보이고 알게 되면 한결 가벼워지는 것이 사람의 일입니다.

그럼 제가 사용했었던 글쓰기 Tool을 소개해 보겠습니다.

〈표 2〉 글쓰기 Tool

날짜	뭐 때문에?	어쩌라고?
00/00	요즘 운동이 잘 안돼서 너무 짜증 나!	운동이라는 것이 늘 오르막 내리막이 있으니 곧 컨디션이 다시 올라갈 거야! 세계적인 선수도 컨디션 조절에 등락이 있다고 하니 나야 당연한 것 아니겠어?
00/00	나름대로 열심히 하는데 시합 성적이 잘 나오지 않아 부모님이 자꾸 뭐라고 하시니 의욕이 떨어지네!	부모님은 이런 운동을 안 해 보셨으니 잘 모르고 말씀하시는 거야! 언제 한번 코치님께 상의를 드려서 부모님께 말씀 좀 드려 달라고 해야겠어!
00/00	저 친구는 나보다 잘하는 것도 없는 것 같은데 윗분들한테 인정을 잘 받네!	바다의 고래가 하늘을 나는 새를 부러워할 일이냐? 나는 바다의 제왕으로 살란다!! 내 만족에 살래!!
00/00	요즘 출근길 지하철 사람들이 왜 그렇게 많은지 출근길이 너무 스트레스네!	요즘 지하철에 사람들이 너무 많으니 한가한 시간에 일찍 출근해서 근처 헬스클럽에서 운동이나 좀 할까!!
00/00	저 인간은 왜 나한테만 그렇게 소리를 지르는지 모르겠네. 왜 나만 못살게 굴지?	나한테 안 좋은 감정이 있나? ok 좋아 그 사람이 100을 원하면 나는 200을 해 주겠어! 두고 봐 원하는 것에 2배를 해 주마!!
00/00	다음 달에 회사 전체 해외 연수에서 골프를 치기로 되어 있다는데 골프를 못치는 나는 어쩐다냐... 안 할 수도 없고 회사를 그만둘 수도 없고 짜증 나네...	이참에 자기 계발 차원으로 골프나 좀 배워 볼까? 맨날 피하기만 하는 것보다 남들하고 어울릴 만큼만 배워야겠네. 어디서 배우는 게 좋을까?
00/00	물가는 점점 더 오르고 급여는 찔끔 오르고 애들은 커 가면서 돈 들어갈 데는 많고 큰일이네.	그래도 가족이 건강하니 그나마 다행이지. 또 옛말에 자기 먹을 거는 다 가지고 살아간다고 하니 조금 더 열심히 살면 좋은 기회가 올 거야!!

제가 사용했던 스트레스 대처 글쓰기는 장황한 글쓰기 방법은 아닙니다. 저는 스트레스의 원인(stressor)이 인지되면 최대한 간단하게 함축하고 정리해서 요약했습니다. 그리고 그 스트레스를 최대한 긍정적으로 접근하려고 했습니다. 그렇게 하면 스트레스로 인해 사회생활이나 개인사에 있어 실수할 것 같은 기분은 사그라듭니다. 물론 스트레스가 근원적으로 사라지는 건 아닙니다. 하지만 이런 스트레스 관리를 꾸준히 하다 보면 스트레스 대처 능력이 좋아져 다양한 면에서 실수를 줄일 수 있습니다.

사람은 상상하기 좋아하고 상상하기 때문에 현존할 수 있다고 해도 무방합니다. 하지만 불필요한 상상으로 인해 내 자아가 흔들릴 수도 있습니다. 그럴 때 필요한 것이 글쓰기 전략입니다. 지금의 이 생각이 실제인지 상상인지, 쓸데없는 허상인지 글을 쓰면 명확해집니다.

스포츠심리학에서는 이런 전략을 인지 재구성(cognitive restructuring, CR)이라고 합니다. 선수들이 훈련 중이나 경기 중에 불안하거나 스트레스를 많이 받을 때 선수의 생각과 행동을 긍정적인 방향으로 재구성하여 주는 방법입니다. 대표적으로 제가 많이 사용하는 방법이 ASDR 기법입니다. A(aware),

S(stop), D(dispute), R(replace)을 좀 더 설명하면 다음과 같습니다. 기분이 안 좋은 상황이나 스트레스를 받는 상황이 생기면 우선 그 상황을 알아차리려고 합니다(aware). 알아차린다고 하는 것은 말 그대로 내 기분, 감정, 느낌을 인식하는 것입니다. '짜증나네', '긴장되네'등등 자신의 감정을 알아차리는 것입니다. 두 번째는 멈춤이라고 외치는 것입니다(stop). 혹은 스스로 박수를 한 번 치는 것 등으로 의식의 흐름을 끊는 것입니다. 아니면 자신만의 기합을 넣는다든지 하는 방법도 있습니다. 세 번째는 반박입니다(dispute). 자신이 의식했던 부정적 사고를 반박하는 것입니다. 네 번째는 전환입니다(replace). 최종적으로 긍정적 사고로 대체하는 것입니다. ASDR 기법을 사례를 들어 도식화하면 다음과 같습니다.

〈표 3〉 ASDR 기법

ASDR 기법	
'날씨가 너무 덥고 불쾌지수가 높은 어느 날'	
A(aware)	"오늘 날씨가 너무 더워 짜증 나는데"
S(stop)	"손바닥 두 번 치기" 혹은 "그만"
D(dispute)	"원래 여름은 더운 거야, 그래도 오늘은 좀 덜 더운 것 같은데"
R(replace)	"날씨도 더운데 조만간 여름 휴가 갈 계획이나 잡아 볼까", "어디 호텔이 좋을까?"

이처럼 부정적으로 의식이 흐르려고 하는 순간 그 순간을 의식하고 멈춰서게 한 다음 그 의식이 잘못되었음을 반박하고 대체하는 과정이 ASDR 기법이라고 합니다. 이 장에서 강조하는 것처럼 직접 메모를 하면서 진행하면 머리로만 생각하는 것에 비해 효과가 매우 높아집니다. 여러분들도 수시로 따라 해보시기 바랍니다!

생존할 수 있습니다. 쓰면 쓸수록 생존 확률이 높아집니다!!

6-4

모차르트 효과는 있다!

　독자 여러분은 첫사랑의 아픔과 설렘을 기억나게 하는 음악이 있습니까? 누구나 특정 음악을 듣게 되면 그때의 풋풋한 추억이 떠오르는 음악이 있을 겁니다. 우리는 기억이 나지는 않습니다만 자장가를 들으면 심리적 편안함을 느낄 것입니다. 특히 남자 독자들은 뼈에 각인되어 있는 소리가 있을 겁니다. 기상나팔 소리죠. 지금 기상나팔 소리를 들으면 여러분들은 어떤 추억이, 어떤 감정이 솟아오르나요? 이처럼 음악 혹은 소리는 우리의 정서, 기억 등 다양한 영역에 우리도 모르게 우리에게 영향을 미칩니다.

소리가 우리에게 미치는 영향은 이뿐이 아닙니다. 인적 드문 으슥한 골목길에서 한 여성이 치한을 만났다고 가정을 해 볼까요? 그 여성은 어떤 반응을 가장 먼저 보일까요? 큰 소리부터 지르지 않을까요. 그때 지르는 소리는 순간적으로 평소보다 더 강한 용기와 힘을 내게 만들어 줍니다.

여러분은 음악 및 소리가 우리에게 어느 정도의 영향을 미친다고 생각하십니까? 단순히 좋은 음악을 들으면 '정서가 순화되고 기분이 좋아지는 정도'로만 여기는 경우가 대부분 일 겁니다. 하지만 우리에게 소리와 음악은 그 이상입니다. 음악과 좋은 소리는 우리의 어지러운 마음을 정리해 주고 나아가 각자가 가진 고유의 기질도 바꾸어 줄 수 있는 몇 안 되는 인간이 만들어 놓은 문화 중 하나입니다.

우선 모차르트 효과(Mozart Effect)라는 말이 한때는 곧 아이를 출산하게 되는 부부들 사이에서 큰 관심을 받던 때가 있었습니다. 이 효과는 대학생들이 모차르트의 소나타(K. 448)를 들은 후 공간추론 능력 테스트에서 더 높은 점수를 기록했다는 1993년 캘리포니아 대학교 어바인의 프란시스 라우셔

(Frances Rauscher)와 그녀의 동료들이 발표한 연구에서 시작되었습니다.

다시 말해 모차르트 효과는 공간 추론 능력 향상에 균형 잡힌 음악이 효과가 있음을 의미합니다. 나아가 균형 잡힌 소리는 뇌를 활성화하고 인지 기능을 높이는 데도 효과가 있다는 것을 말해 줍니다. 궁극적으로 좋은 음악은 정서적 안정과 스트레스 감소에 긍정적인 영향을 미쳐 다양한 학습 환경에 도움을 줄 수 있음을 모차르트 효과를 통해 알 수 있습니다.

특정 음악을 들으면 뇌에 변형을 가할 수도 있다는데 도대체 음악과 소리라는 것이 우리 인간에게 어떤 존재이기에 뇌 구조도 바꿀 수 있다고 하는 것인지 알아보겠습니다.

우선 소리가 우리 인간 곁에 머물 수 없는 환경은 극히 드뭅니다. 눈에 보이는 것은 눈을 감으면 사라집니다. 하지만 소리는 어떤 제약을 가해도 우리 귀에는 뭔가는 들립니다. 모든 소리를 차단해도 우리의 심장 혹은 하다 못해 침 삼키는 소리라도 들릴 것입니다. 배에 꼬르륵거리는 소리는 어떤가요? 안 들리게 할 수 있나요? 소리라는 것은 정말 특별한 경우가 아니고서는 우리와 늘 함께하는 감각입니다.

소리를 인식하는 청각이라는 감각은 인간의 생존과 관련해 그 어떤 감각보다 가장 밀접한 관련이 있는 감각입니다. 진화적으로 소리는 그렇게 우리와 같이해 왔습니다. 야심한 밤에 맹수들로부터 우리를 지켜주는 감각이 소리입니다. 자다가도 가장 먼저 우리에게 위험 신호를 인지시켜 주는 감각도 소리입니다. 군대를 다녀온 남성 독자들은 너무 잘 알 것입니다. 야간 초소 근무를 서고 있을 때면 가장 예민하게 작동하고 있는 기관도 청각 기관입니다. 그만큼 소리를 듣게 해주는 감각 기관은 인간에게 매우 중요한 역할을 합니다.

소리는 또 얼마나 많은 우리의 감정을 담고 있습니까? 여러분의 정강이뼈를 어딘가에 부딪히면 여러분의 목소리는 어떤 감정을 담고 어떤 소리를 냅니까? 타인의 그런 소리를 여러분이 들었을 때는 또 어떤 감정을 받습니까? 소리 하나를 가지고 우리는 다양한 감정을 드러내기도 하고 감정을 인지하기도 합니다.

여러분들이 회사에 출근해서 가장 먼저 스트레스를 느끼게 되는 것은 직장 상사의 목소리 아닌가요? 소리는 초절정의 감정 전달 기관입니다. 눈 뜨기 위해 설정해 놓은 알람 소리, 잠 많던 고등학교 시절 느껴 보신 분이 많겠지만 새벽에 학교

가라고 깨우는 엄마의 짜증 섞인 목소리, 군대의 기상나팔 소리, 지하철에서 들리는 옆 사람 헤드폰에서 흘러나오는 음악 소리, 통화 소리, 지하철 소음, 재미없는 안내 방송 소리, 자동차 경적 등등 소리는 인간의 감정에 많은 영향을 미칩니다.

말은 안 통해도 소리는 통합니다. 국내에서 유행한 대중음악 가사를 전혀 알아들을 리 없는 외국인들이 그 음악을 듣고 감동하는 영상들이 그것을 반증해 줍니다. 또 인구 100만 이상이 되는 전 세계의 모든 도시에서 공연을 했다고 알려진 '난타'라는 공연은 소리가 인간의 감정에 영향을 미치는 데 있어 국경 따위는 전혀 문제가 되지 않는다는 것을 재차 확인시켜 줍니다.

소리는 우리의 감정을 전달, 공유하고 인지하게 하는 것을 넘어 우리 안에 흐르는 다양한 호르몬에도 영향을 미칠 수 있습니다. 제가 스트레스와 관련하여 소리를 연결 지어 생각하게 된 결정적 계기가 바로 소리와 호르몬의 관련성 때문입니다.

농부나 어부들이 힘든 일을 할 때 부르는 노동요가 괜히 나오게 된 것이 아닙니다. 소리가 주는 힘이 강력하기 때문에 자연 발생한 것입니다. 우리는 힘들 때 소리를 지릅니다. 우리는 위험할 때 소리를 지릅니다. 소리를 지를 때 우리 인체는 인체에 위험을 자각하게 됩니다. 위험을 인식하면 항상성 체계가 발동하게 됩니다. 그 체계의 선두에 서 있는 것이 호르몬입니다. 그중에서 아드레날린이 가장 앞서 있습니다. 아드레날린은 우리를 위급 상황에서 구해줄 가장 든든한 지원군이라 했습니다.

2024년 여름 프랑스 파리(paris)에서 올림픽이 열렸습니다. 선수들은 아드레날린을 분출하기 위해 자신만의 다양한 형태로 소리를 냈습니다. 처절할 정도로 소리를 활용해 승리를 향해 가려 했습니다. 선수들은 경기장에서 큰 소리를 내며 자신에게 기운을 불어넣었습니다. 마치 자기를 격려하는 주문처럼, 그 소리는 자신감을 북돋아 주고, 긴장된 심경을 다잡는 데 큰 역할을 했습니다. 다른 선수들의 격렬한 응원 속에서, 그들의 목소리는 그 자체로 힘을 주는 원동력이 되어, 잠시라도 불안감을 떨쳐내고, 다시금 자신이 최선을 다할 수 있게 했습니다. 그런데 가만히 선수들 경기를 지켜보고 있으면 신기할 정도로 공통적인 부분이 있습니다. 국적을 막론하고 우세한 경기를 펼칠 때는 파이팅 소리가 매우 큽니다. 하지만 열세로 접어들면 그 소리가 매우 작거나 없어집니다. 소리는 이렇듯 선수들의 메달 색깔도 예상할 수 있게 합니다.

적당한 흥분과 긍정적 자극을 줄 수 있는 소리는 인체의 교감 신경을 자극합니다. 일시적 교감 신경 자극은 우리를 위험에서 구출해 줄 소방관입니다. 다양한 연구에 따르면 선수들의 '파이팅' 같은 긍정적인 소리는 아드레날린뿐만 아니라 인체에 다양한 긍정적 영향을 미친다고 알려진 도파민, 엔돌핀, 옥시토신 분비에도 영향을 미쳐 스트레스 감소에 결정적 영향을 미칩니다. 나아가 자기 효능감 증진에도 영향을 줍니다(Barwood et al. 2015; Bernardi et al. 2006; Binfet & Passmore, 2017; Heinrichs et al. 2003).

우리 삶에서 피해 갈 수 없는 스트레스 환경은 선수들이 경기를 치르는 경기장 환경과 비슷하지 않을까요? 저는 거의 똑같다고 생각합니다. 그래서 다양하고 치열한 스트레스와 매일 경기를 치르고 있는 현대인들은 소리에 대해서 다시 생각해 봐야 합니다.

그냥 단순한 외침이나 소리가 인체에 이렇듯 다양하고 강력한 영향을 미치는데 조화롭게 잘 정돈된 훌륭한 음악은 어느 정도의 영향력을 미칠까요? 평상시에도 마음 수련이 잘되어 있다고 알려진 수도승들도 음악적 제재 앞에서는 신체적, 정신적 건강을 잃을 수밖에 없었습니다. 테드 지오이아(Ted

Gioa)는 『치유의 노래』라는 책에서 수도승들이 부르는 암송을 제재하자 심한 무기력에 부정 정서가 증가하고, 심한 경우 탈진에 이르렀을 정도로 음악이 인간 건강에 차지하는 비중이 높다고 하였습니다. 우리는 알게 모르게 음악과 소리가 주는 좋은 영향력을 많이 받고 있습니다.

소리와 음악은 도대체 무엇이기에 우리의 감정을 들었다 놨다 할 수 있을까요? 어떤 힘이 있길래 감정을 공유하는 데 언어와 국경도 막지 못할까요?

우리의 잠재의식 속에 있는 음악은 어머니의 자장가이면서 안락함입니다. 음악의 기원을 어머니가 아기에게 불러 주는 고요한 소리에서 찾는 이들도 있습니다. 그래서 좋은 음악은 우리의 마음을 평화롭게 하는 데 결정적 역할을 합니다. 음악은 인간의 마음속 깊은 곳에 어머니가 불러 주는 자장가임이 뿌리 깊이 박혀 있다고 여기는 것입니다. 실제로 엄마가 아기를 노래나 음악으로 달래면 아기의 스트레스 지수가 확연히 떨어진다고 합니다. 그 지속 시간도 다른 요인보다 훨씬 길게 작용됩니다. 다양한 스트레스원으로부터 우리는 많이 지쳐있습니다. 그때 가장 필요한 것은 어머니품일 것입니다.

우리의 잠재의식 속에 있는 음악의 또 하나의 기능은 공감입니다. 드넓은 초원을 사냥하던 우리의 조상들은 피아 식별을 위해 뭔가를 만들어야만 했습니다. 그 뭔가가 바로 음악이었습니다. 같은 노래를 부르고 음악을 하면서 다른 혈족과 맞서 싸우기를 다짐하고 사기를 올리려고 했습니다. 나 자신이 힘들 때 힘든 정서를 담은 노래를 부르면 그 안에서 공감을 얻어 또 다른 힘을 얻을 수 있고, 나 자신이 기분이 좋아 한껏 들떠 있을 때 신나는 음악을 들으면 우리의 기분을 더욱 고취시킬 수 있는 이유가 거기에 있습니다. 요즘처럼 내 감정을 공감받기 어려워 스트레스를 많이 받는 세태에서 내 감정을 공감받고 싶을 때, 내 기분을 같이 즐기고 싶을 때 우리는 음악을 우리 곁으로 가지고 와야 합니다.

앞서 잠시 설명했습니다만 음악은 우리를 치료해 줍니다. 여러 가지 스트레스로 지친 우리의 뇌를 변화시켜 줄 수 있습니다. 뇌 영상 촬영이 발전한 요즘이지만 뇌 영상으로 그 사람의 직업을 맞추기는 어렵습니다. 하지만 음악가의 뇌는 뇌 영상으로도 구분이 갑니다. 그만큼 음악을 가까이한 사람의 뇌는 음악에 의해 변형을 일으킵니다. 신경학자 올리버 색스(Oliver Sacks)는 "음악의 힘은 뇌에서 확인할 수 있고, 음악을 직업으로 하는 사람의 뇌는 쉽게 구분이 간다."라고 말했습니다. 이는 그만큼 신경의 재구성이 용이하다는 것을 의미합니다.

그뿐만이 아닙니다. 글렌 셸렌버그(Glenn Schellenberg)는 음악 교육이 지능에 미치는 영향을 알아보기 위해 2004년에 6세 어린이 144명을 대상으로 피아노 수업을 받는 그룹, 보컬 수업을 받는 그룹, 아무런 수업도 받지 않는 대조군 그룹으로 구분하여 1년간의 변화를 비교하였습니다. 그 결과 피아노 수업과 보컬 수업을 받은 그룹의 지능지수가 유의미하게 증가하는 것으로 나타났습니다(Schellenberg, 2004).

음악은 단순한 소리, 잡음, 소음이 아닙니다. 철저히 계산된 수학적 비율을 가진 영역입니다. 이렇게 균형이 잡혀 있기 때문에 우리가 좋은 음악에 심취할 수 있습니다. 기원전 6세기 수학자 피타고라스는 음악이 인간의 정신과 신체에 조화와 균형을 가져다준다고 했는데 그 이유는 바로 음악이 가지고 있는 수학적 균형감에 있다고 하였습니다. 그 외에도 플라톤, 아리스토텔레스라는 거대한 철학자들도 음악은 인간의 영혼을 조화롭게 하고 감정을 정화하는 데 결정적 역할을 한다고 했습니다. 음악이 수학적 균형감을 가지고 있다는 말은 참으로 다양한 스트레스로 인해 균형을 잃기 쉬운 현대인들에게 꼭 필요한 개념입니다. 스트레스로 인해 흔들릴 때마다 음악을 챙겨야 하는 이유 더 설명이 필요 없습니다.

스트레스는 음악으로 극복할 수 있습니다! 음악을 가까이 하는 습관은 스트레스 관리에 탁월한 효과가 있습니다! 좋은 음악을 많이 듣는 습관도 좋고, 좋은 소리를 낼 수 있는 악기를 취미 삼아 배워 보고 남들한테 뽐내 볼 기회를 엿보는 것도 좋습니다. 하지만 저는 뭐니뭐니해도 자기의 성대를 가지고 좋은 소리를 내보고자 노력하는 취미가 제일 좋아 보입니다. 우리 몸에 있는 성대 크기는 고작 손가락 한 마디 정도에 불과하고 두께는 3~5mm 정도입니다. 그런데 그런 자그마한 크기의 신체 기관이 내는 아름다운 소리는 우리의 마음을 들었다 났다 합니다. 그런 소리를 내 의지로 조절해 보는 노력은 가히 경이로울 정도로 신기함과 황홀함의 느끼게 해줍니다.

저자는 학창 시절 체육 시간이 제일 좋았고 음악 시간이 제일 싫었습니다. 그 누구보다 노래하는 것을 가장 어려워했습니다. 하지만 소리의 위대함을 인지하고부터는 매일 한 시간씩 소리 내는 연습을 하고 있습니다. 소위 발성 연습을 하고 있습니다. 1년 정도 꾸준히 연습을 하다 보니 내 목소리에서도 좋은 소리가 나는 것을 알았고, 그 소리가 듣기 좋아지기 시작해졌습니다. 그러면서 스트레스를 감지할 때면 좋은 소리를 내보려 합니다. 그러면 스트레스가 가라앉는 것을 느낄 수 있었습니다. 좋은 소리를 내면서 좋은 점이 하나 더 생겼습니다. 운전하는 내내 도로가 막히는 도로에서 내고 싶은 소리를 마음껏 낼 수 있다는 것입니다. 요즘은 오히려 도로가 좀 막혔으면 하는 바람이 생길 정도로 차 안에서의 시간이 즐겁습니다.

적극 추천합니다. 노래, 악기, 음악 감상을 통해 좋은 소리를 느껴 보려는 취미생활은 스트레스 감소에 매우 효과적입니다. 좋은 소리가 사람에게 좋은데 좋은 소리를 듣는 것에서만 벗어나 자기 목소리로 좋은 소리를 내보려는 것만큼 더 효율적인 스트레스 관리가 또 있을까요?

6-5

사람에게 받은 상처 사람으로 치유된다!

저자가 운영하는 연구소에서 최근 조사한 바에 따르면 한국인들에게는 직장(51%)에서의 대인관계 스트레스가 가장 많은 것으로 나타났습니다. 직장은 여러분에게 어떤 곳인가요? 생존의 현장이면서 참으로 다양한 캐릭터의 사람들이 존재하는 곳 아닌가요? 조사 내용은 51%의 현대인들이 삶이란 전쟁터에서 만나는 다양한 사람들에 의해 가장 많은 스트레스를 받는다는 것을 시사합니다. 즉, 생존을 위한 대인관계가 현대인들을 가장 힘들게 만든다는 것입니다. 생존을 위해 원치 않는 대인관계를 할 수밖에 없음을 의미하는 것이죠. 너무 냉소적인가요? 하지만 공감하는 분들이 많으리라 생각됩니다.

그럼 우리는 왜 그토록 대인관계에 스트레스를 많이 받는지 알아보고 사람으로 생긴 스트레스가 어떻게 사람으로 해결이 가능한지도 살펴보겠습니다. 우선 대인관계 스트레스가 생기는 이유를 저는 다음 4가지로 봅니다.

첫째, 서로 간에 애착의 차이입니다. 이 사람은 저 사람을 개인적으로 100이라는 애착심을 가지고 있는데 저 사람은 이 사람에게 70이라는 애착심을 가지고 있는 것을 말합니다. 또 서로 간에 가지는 애착의 종류가 달라서 관계와 소통에 괴리가 생깁니다. 이를 설명하는 대표적인 심리학자가 존 볼비라(John Bowlby)입니다. 그는 저서에서 서로 간의 애착의 차이가 인간의 행동과 정서적 발달에 많은 영향을 미친다고 강조하며, 애착 관계의 질이 성인의 대인관계와 정서적 건강에까지 영향을 미친다고 했습니다(Bowlby, 1969). 애착의 유형은 크게 타인과의 관계를 친밀하게 유지하려는 애착 유형(Secure Attachment), 타인의 애착을 못 미더워 늘 확인하려는 애착 유형(Preoccupied Attachment), 타인과 거리두기를 추구하는 애착 유형(Dismissive-Avoidant Attachment), 타인이 나와의 관계를 거부할까 두려워 타인에게 다가가지 못해 회피하려는 애착 유형(Fearful-Avoidant Attachment) 등으로 나뉜다고 합니다. 또한, 애착을 연구하는 학자들은 타자와의 관계 형성에 있어 서로 간에 애착 형태가 다른 것이 대인관계에 매우 어려움을 낳는다고 말합니다(Bartholomew, & Horowitz, 1991).

둘째, 인간은 원래 본인의 자아라는 영역을 고수하려는 성향이 매우 강하기 때문입니다. 인간에게는 자아를 지키려는 기본 심리가 얼마나 강한가를 단적으로 보여 주는 인지부조화(Cognitive Dissonance)라는 개념이 있습니다. 인지부조화는 나의 자아와 현실이 부조화인 상황을 못 견뎌 한다는 인간의 심리적 특성을 말합니다. 예를 들면 이런 것입니다. 높은 나무 위에 있는 맛있는 과일이 있다고 가정하겠습니다. 그 과일을 평소 너무 좋아하고 지금 먹고 싶지만 나무가 너무 높아 못 먹는 현실입니다. 여기서 먹고 싶은 자아와 먹을 수 없는 현실의 부조화가 발생합니다. 부조화가 발생하면서 내 자아가 현실에 의해 흔들립니다. 그래서 우리는 자아를 바꿉니다. 나는 높은 나무 위에 있는 저 과일을 좋아하지 않는다고 말이죠. 기존 자아를 새 자아로 바꾸면서까지 내 자아가 현실에 의해 무너지는 걸 싫어하는 심리가 있는 것입니다. 그만큼 자아가 무너지는 것을 피하고 싶어 합니다. 이렇듯 자아를 강하게 지키고 싶어 하는데 대인관계에서 만나는 수많은 다른 자아들과 부딪히면서 얼마나 많은 스트레스를 받겠습니까? 대인관계 스트레스는 어쩔 수 없는 영역입니다.

셋째, 인간 심리의 복잡성 때문입니다. 다음 몇몇 사례를 보면 인간 심리가 매우 복잡함을 알 수 있습니다. 제가 여러분에게 두 가지 옵션을 제시할 테니 여러분은 어떤 선택을 할지 골라 보십시오. 첫 번째 옵션은 내 연봉이 9천만 원이고 평소 나와 적대적 관계에 있던 비슷한 직급의 동료가 연봉이 1억 원인 상황입니다. 두 번째 옵션은 내 연봉이 8천만 원이고 평소 나와 적대적 관계에 있던 동료 연봉이 7천만 원인 상황입니다. 여러분은 두 가지 옵션 중 어느 옵션을 선택하시겠습니까? 당연히 첫 번째 옵션일 거 같지만 뜻밖으로 두 번째 옵션을 선택하는 경우도 상당한 비율을 차지합니다.

인간 마음의 복잡성을 보여 주는 또 하나의 사례는 플라시보(Placebo) 현상입니다. 플라시보 효과 실험은 다양하지만 저는 1970년대 실시한 하버드대학교 엘렌 랭어(Ellen Langer)의 박사의 실험을 들고 싶습니다. 엘렌 랭어는 70대와 80대 노인들에게 20, 30년 전에 환경을 그대로 재연해 그 환경에서 생활하도록 실험 설계를 하였습니다. 젊었을 때 입었던 옷, 들었던 음악, 보던 신문 기사 등등 세세하게 그들이 젊었을 때의 환경을 그대로 접할 수 있게 했습니다. 이후 실험에 참가했던 노인들에게 엄청난 변화가 생긴 것을 확인할 수 있었습니다. 시력·청력 개선, 혈압 저하, 근력 강화가 나타났으며 기억력과 인지 능력도 향상되었습니다. 이런 상황을 어떻게 무엇으로 설명하겠습니까? 저는 인간 마음의 복잡성이라고 설명하고 싶습니다.

이렇듯 복잡한 인간 심리인데 다양한 인간들이 모여 상호 작용을 하는 대인관계의 장(場)에서는 얼마나 많고 다양한 일이 펼쳐질지는 더 이상의 설명이 필요 없습니다.

대인관계에서 오는 스트레스는 인간이기에 어쩔 수 없는 영역이라는 것을 알아보았습니다.

이번에는 피할 수 없는 대인관계 스트레스를 평소 어떻게 관리해야 좋을지 알아보겠습니다. 제가 제안하는 방법은 사람에게 받은 스트레스를 이타주의 실천을 통해서 스트레스를 상쇄해 보자고 제안합니다. 우선 앞서 설명했던, 우리가 왜 그토록 대인관계에 힘들어하는지를 충분히 이해하길 바랍니다. 그리고 이제 설명하는 이타주의 실천 방법을 활용하면 스트레스를 해소하는 데 큰 도움이 될 것입니다.

말 그대로 이타주의는 다른 사람을 돕고, 그들의 행복과 안녕에 기여하려는 마음을 의미합니다. 이타주의를 실천하면 첫째, 다른 사람을 돕는 과정에서 행복감, 만족감, 그리고 긍정적 감정을 경험할 수 있습니다. 두 번째는 사람들 간의 유대감을 강화하고, 강력한 사회적 지원망을 형성하게 합니다. 이러한 사회적 연결의 강화는 스트레스 상황에서 정서적, 실질적 도움을 받을 수 있습니다. 세 번째는 개인의 자아 효능감을 높일 수 있습니다. 이타주의는 "내가 누군가에게 도움이 될 수 있다"는 긍정적인 자기 평가로 이어지게 하며, 스트레스 상황에서도 더 나은 대처 능력을 발휘하게 합니다. 네 번째로 이타주의를 실천하면 자신의 문제에만 몰두하는 것을 방지하고, 더 넓은 시야에서 상황을 바라볼 수 있습니다. 이처럼 자아 중심적 사고를 줄이고 이타주의 사고를 실천하면 스트레스가 되는 상황을 재평가하고, 더 나은 해결책을 모색하게 할 수 있습니다. 이타주의는 우리의 마음을 부드럽고 유연하게 해줄 수 있는 중요한 인자입니다.

앞서도 언급했지만 이타적 행동이 우리에게 선한 영향력을 미치는 이유는 이타적 행동을 통해 옥시토신(Oxytocin)이라는 호르몬이 다량 분비되기 때문입니다. 옥시토신은 산고(産苦)의 고통 같은 엄청난 고통과 스트레스를 받는 과정에서 우리를 보호하기 위해 뇌와 소화기관에서 분비되는데, 고통스러운 환경에서도 우리를 지켜 줄 수 있는 강력한 호르몬입니다. 지켜 주는 것을 넘어서 힘든 스트레스 상황에서도 타인을 위한 배려감과 유대감을 낳게 만듭니다. 우리가 원만하지 못한 대인관계로 인한 스트레스로 지쳐 있을 때 우리를 보호해 줄 수 있는 강력한 호르몬이 바로 옥시토신 호르몬입니다. 따라서 더 많은 옥시토신을 얻기 위해서라도 이타적 행동은 반드시 필요합니다.

옛말에 '사촌이 땅을 사면 배가 아프다'는 속담이 있습니다. 이것은 과학적으로도 근거가 충분한 말입니다. 사촌이 땅을 산 것을 배 아프게 여기면 그 사람은 분명 배타적 성향이 강한 사람입니다. 배타적인 사람은 옥시토신 부족으로 배앓이를 할 가능성이 높습니다. 실제로 스트레스를 받으면 배가 불편해지는 분들이 많이 있습니다. 그런 분들도 옥시토신을 공급받으면 장운동이 원활해져 속이 편해질 수 있습니다. 스트레스를 받게 되면 다양한 염증 반응이 몸에서 일어나는데 염증 수치를 낮추는 데도 옥시토신이 긍정적 역할을 합니다. 이 밖에도 옥시토신은 여러 정신 질환에도 치료적 효과가 있습니다. 옥시토신은 우울증, 불안 장애, 외상 후 스트레스 장애와 같은 질환에서 우리 뇌를 보호하는 역할을 합니다(Matsushita, Latt, Koga, Nishiki, Matsui, 2019).

이런 스트레스 해소용으로 강한 효과가 있는 옥시토신은 우리가 타인을 배려하고 친교적으로 나아갈 때 우리 몸에서 많이 분비됩니다. 산모들이 아이를 아낌없이 사랑하는 마음을 가질 때 옥시토신 분비는 최고조에 이릅니다. 사랑하는 연인을 생각할 때도 옥시토신은 분비됩니다. 이처럼 옥시토신은 누군가를 사랑하고 아끼고 보호해 주려고 할 때 많이 분비됩니다.

옥시토신에 대해 조금 더 생각해 볼 부분이 있는데 그것은 옥시토신이 매우 상호 작용적인 메커니즘으로 분비된다는 것입니다. 우리가 매우 극심한 스트레스를 받을 때도 옥시토신이 나와서 사회적 유대 강화를 원하기도 하고 사회적 유대를 강화함으로써 옥시토신이 분비됩니다.

예를 들면 스트레스를 많이 받으면 옥시토신이 분비되고 타인과 접촉을 원하게 됩니다. 스트레스를 받을 때 타인과 수다가 많아지는 이유도 이런 이유에서입니다. 반대로 사회봉사 같은 활동을 하고 난 이후에 뭔가 기분이 좋아지고 스트레스가 감소되는 이유도 이 옥시토신의 상호 작용 분비 메커니즘 때문입니다.

Marsh, Marsh, Lee and Hurlemann(2021)의 연구에 따르면

인간의 친사회적 행동이 자신의 안위와 종족 번식에 도움이 된다는 것이 신경생물학적으로 DNA에 각인되어 있다고 말합니다.

다시 말하면 인간은 옥시토신을 갈구하며 산다고 할 수 있습니다. 개인적인 생각입니다만 사냥을 해서 종족 보존을 할 수 있었던 선사 시대에 우리는 참 많은 위험 요소와 스트레스에 노출되어 살아갈 수밖에 없었습니다. 그런 온갖 스트레스가 공존하고 있는 위험한 환경에서 우리를 지켜 줄 수 있었던 건 옥시토신이었고 그런 옥시토신을 더 많이 공급받기 위해서 이타적인 행동을 해야만 했을 것입니다. 그것이 발전해 사회적 동물이라는 호칭을 부여받았을 것입니다.

여러분이 좀 더 많은 타인을 위해 봉사하고 헌신 활동을 해 볼 것을 적극 추천합니다. 여러분에게 옥시토신이 많이 분비되고 나아가 스트레스를 완화하기 위한 최고의 선물이 친사회적 행동입니다.

조금 더 구체적인 친사회적 행동으로 음식 나눠 먹기를 권합니다. 우리나라의 전통 민속 문화 중 하나로 각설이 타령이 있습니다. 먹는 음식이 귀하던 시절 패를 형성해 잔칫집이나

시장통을 떠돌면서 음식을 구걸하면서 발전해 온 각설이 타령은 옥시토신 상호 작용의 대명사로 볼 수 있습니다. 각설이패는 타령으로, 잔칫집은 넉넉한 음식으로 옥시토신을 교환한 꼴입니다. 이런 일련의 상호 작용은 모두 옥시토신에 기인합니다.

포유동물을 대상으로 한 해외 연구에 따르면 음식을 나눔으로 해서 옥시토신 분비량이 늘어나고 그에 따라 모유 수유가 더욱 원활해진다고 합니다. 비록 동물을 대상으로 한 연구지만 같은 포유류인 우리 인간에게도 시사하는 바가 큽니다. 나눔은 옥시토신 분비로 이어집니다. 더군다나 생명 유지에 필요한 음식 나누기는 옥시토신 분비를 더욱 강화할 수 있습니다. 여러분이 정성스럽게 만든 음식을 이웃과 같이 나눠 먹는 건 여러분의 옥시토신 분비로 이어져 스트레스 예방에 큰 도움이 될 것입니다.

다음은 스킨십을 통해 옥시토신을 얻는 방법입니다. UCLA 대학 연구진에 의해서 보고된 내용에 따르면 마사지를 받은 그룹과 그렇지 않은 대조군 그룹의 혈액을 체취한 결과 마사지를 받은 그룹 쪽에서 옥시토신 분비가 더 많은 것으로 나타났습니다(Morhenn, Beavin, Zak, 2012). 비록 마사지를 사용한 옥시토신 연구였지만 저는 이 연구가 시사하는 바가 스킨십과 옥시토신의 관계를 예측할 수 있다고 봅니다. 지친 엄마 아빠의 발씻겨주기, 다 큰 아이의 발 닦아 주기 같은 캠페인이 한때 유행하던 시기도 있었습니다. 저는 우리들의 옥시토신을 위해 다시 한번 가정에서라도 이런 유행이 다시 돌아왔으면 하는 바람이 있습니다.

생존을 위해서 혹은 미래에 생존의 질을 높이기 위해 학교와 직장에서 고군분투하는 여러분들의 옥시토신 분비를 위해 가정에서 서로의 발 씻어 주기 캠페인 어떤가요? 어떻게 보면 진부하다고 생각하겠지만 발씻겨주기를 통해 내일 다가올 여러 가지 스트레스에 대비해 미리미리 옥시토신을 구해 놓는 건 어떨까요?

우리는 누군가를 위로하기 위해 쓰다듬고, 격려하기 위해 쓰다듬고, 잘했다고 쓰다듬습니다. 그동안 우리가 알게 모르게 했던 이러한 쓰다듬는 스킨십은 모두 옥시토신 분비 활성화를 위한 일입니다. 힘들고 지칠 일이 많을 때 서로 쓰다듬어 주기를 권장합니다.

동물들도 새끼가 태어나면 제일 먼저 하는 행동이 혀로 쓰다듬는 행동입니다. 혀로 쓰다듬는 감각은 촉각에 해당합니다. 촉각 자극은 어미의 뱃속과 전혀 다른 환경에 노출된 새끼들이 받게 되는 스트레스를 상쇄합니다. 건강한 촉각 자극은 뇌를 건강하게 하고 건강한 사회적 관계를 유도합니다. 피부층에도 옥시토신을 분비하는 세포가 있습니다. 따라서 우리가 하는 건강한 스킨십에는 다 이유가 있었고 과학적 근거가 있는 행동입니다. 건강한 촉각 접촉은 옥시토신의 중요한 방출 매개 역할을 하며 특히 사회적 연결 강화와 관련된 뇌 영역을 자극하게 됩니다.

옥시토신은 우리를 서로 연결하게 하고 그 연결을 따뜻하게 해줍니다. 따뜻하게 연결된 사회적 연결은 대인관계 스트레스로부터 우리를 지켜 줄 수 있습니다. 생존을 위해 받는 여러분들의 대인관계 스트레스가 쌓일 때마다 이타주의적인 사회봉사, 맛있는 음식 나눠 먹기, 건강한 스킨십을 통해 여러분들을 더욱 건강하게 가꿔 나가길 바랍니다.

에필로그

오늘의 스트레스가
내일의 나를 만든다.

유도 선수에서 격투기 선수로, 현재는 방송인으로 활발한 활동을 하고 있는 추성훈 씨가 방송에서 한 말이 떠오릅니다. 인생을 살다 보면 선택의 순간이 늘 우리를 따라다니는데 본인은 선택의 순간에 다다르면 힘든 길을 선택한다고 하더군요. 그런 선택이면 상대적으로 덜 후회를 하게 된다고 합니다.

저도 추성훈 씨의 말에 백번 공감을 합니다. 우리 인생은 스트레스의 연속이며 절대 피해갈 수 없습니다. 그러면 우리는 스트레스와 친구가 되어야 합니다. 스트레스를 적절히 활용할 줄 알아야 합니다. 미리미리 스트레스라는 면역 주사를 맞아야 합니다. 그래야 나중에 상대적으로 덜 아플 수가 있습니다.

우리는 모두 스트레스라는 미지의 영역과 싸우며 살아갑니다. 그동안 스트레스는 '회피해야 할 적'으로만 여겨졌지만, 이 책을 통해 여러분은 스트레스의 또 다른 면을 보셨기를 바랍니다. 스트레스는 단순히 부정적인 감정이나 상황이 아니라, 우리를 성장하게 하고, 한계를 뛰어넘게 하는 중요한 원동력이 될 수 있다는 사실을 알게 되었기를 바랍니다.

스트레스를 다루는 방법은 각자 다를 수 있습니다. 어떤 사람은 그것을 도전으로 받아들이고, 또 다른 사람은 부담으로 느낄지도 모릅니다. 그러나 중요한 것은 스트레스를 어떻게 해석하고, 어떻게 활용할 것인가라는 점입니다. 스트레스가 우리에게 힘든 순간을 안겨줄지라도, 그것을 자기 발전의 기회로 바꾸는 힘은 우리에게 있습니다. 이 책에서 강조한 것처럼, 지피지기(知彼知己) 즉 스트레스를 이해하고, 자신을 이해하는 것이야말로, 스트레스와 싸우는 가장 강력한 무기임을 기억하세요.

앞으로 우리가 맞이할 고령 사회와 빠르게 변화하는 환경 속에서 스트레스는 더더욱 피할 수 없는 존재가 될 것입니다. 그러나 스트레스가 없으면 우리가 발전할 수 없다는 사실도 자명합니다. 우리가 스트레스를 어떻게 다루는지가 우리의 건강, 행복 그리고 삶의 질을 결정짓는 중요한 요소가 될 것입니다. 스트레스를 적으로 간주할 것인지, 아니면 협력자로 삼을 것인지는 전적으로 우리의 선택에 달려 있습니다.

이 책을 마치면서 여러분이 스트레스라는 존재를 좀 더 깊이 이해하고, 스트레스에 대한 두려움에서 벗어나 스트레스를 자기 자신을 발전시키는 원동력으로 삼을 수 있기를 바랍니다. 우리가 스트레스를 어떻게 다루느냐에 따라, 우리의 삶은 분명히 달라질 것입니다. 그 변화의 시작은 지금 이 순간부터입니다.

이 책을 읽고 나서, 여러분은 스트레스를 두려워하거나 피하려 하지 않고, 오히려 그것과 함께 성장하는 법을 알게 될 것입니다. 우리 모두, 스트레스와 함께 더 나은 내일을 만들어 나가기를 바랍니다.

우리의 신체적, 정신적, 영적 건강을 위해 좋은 스트레스 (GOOD STRESS) 많이 많이 섭취하시기 바랍니다!!

[참고문헌]

· 강민철 외(2011). 진로스트레스, 회피대처방식, 자아존중감의 관계: 사회적으로 부과된 완벽주의의 조절효과를 중심으로. 상담학 연구, 12(5), 1663-1682.
· 김동림 외(2002). 건강한 한국인에서 혈중 렙틴 농도와 비만, 인슐린저항성과의 관계.
· 김보람 외(2012). 초등교사의 직무환경과 직무열의 및 심리적 소진의 관계에서 직무스트레스 대처방식의 조절효과. 대한스트레스학회, 20(3), 199-208.
· 김정민 외(2023). 미국심장학회 학술지 심혈관영상저널.
· 박상범 외(2018). 소리 스트레스에 따른 뇌파 특징 분석 연구. 예술인문사회 융합 멀티미디어 논문지, 8(1), 769-777.
· 백제숙(2010). 세로토닌 수용체(5-HT$_2$ c) 항진제의 합성 및 생물학적 활성 연구.
· 성재준 외(2012). 직무스트레스 환경에 세로토닌 호르몬 활성화 요소를 적용한 오피스 공간 계획에 관한 연구.
· 이경숙 외(2013). 상담학 연구, 노인의 자아탄력성과 자아통합감 간의 관계에 미치는 스트레스 대처방식의 매개효과, 14(5), 2783-2797.
· 윤종률(2015). 노년기 식욕촉진 약물요법. J Korean Med Assoc, 58(11), 1027-1033.
· 조수현(2013). 초기 수학 능력 발달과 인지 책략 변화 관련 종단적 뇌 활동 변화 분석. 한국심리학회, 25(2), 173-200.
· 코티솔 조절법(2022). 숀 탤보트, 전나무 숲.
· 추상엽 외(2010). 대학생의 생활스트레스와 우울 간의 관계: 경험 회피의 매개효과와 문제 중심 대처의 조절효과. 청소년학 연구, 17(2), 309-332.
· 한설빈 외(2022). 심리적 스트레스와 세포노화 지표로서의 텔로미어 길이의 연관성: 체계적 문헌고찰. Korean Journal of Adult Nursing, 34(5), 450-465.
· 홍형숙 외 (2018). 생물정신의학, 25(3), 79-87.
· Antoni, M. (1991). Phenomenology of HIV-1: A Stress Moderator Model. The Counseling Psychologist, 19(4), 543-550.
· Askari, J. 외(2011). The rate of various psychological stressors, perceived mental strain du e to these stressors, and coping strategies in opium addicts compared to normal individuals, Procedia Social and Behavioral Sciences, 30, 654-661.
· Bartholomew, K. 외(1991). Attachment styles among young adults: A test of a four-category model. Journal of Personality and Social Psychology, 61(2), 226-244.
· Barwood, M. J. 외(2015). A motivational music and video intervention improves high-intensity exercise performance. Journal of Sports Science & Medicine, 14(3), 522-528.
· Bernardi, L. 외(2006). Cardiovascular, cerebrovascular, and respiratory changes induced by different types of music in musicians and non-musicians: The importance of silence. Heart, 92(4), 445-452.
· Binfet, J. 외(2017). The Science of Kindness in the Classroom. Educational Leadership, 75(2), 54-58.
· Bloomfield, M. AP. 외(2019). The effects of psychosocial stress on dopaminergic function and the acute stress response. eLife, 8, e46797.

· Bowlby, J. (1969). Attachment and Loss: Vol. 1. Attachment. New York: Basic Books.
· Choy M. 외(2021). An adaptive network model for pain and pleasure through spicy food and its desensitization. Cognitive Systems Research 66, 211-220.
· Coimbra, B. M. 외(2017). Stress-related telomere length in children: A systematic review. Journal of Psychiatric Research, 92, 47-54.
· Crowe M, 외(2007). Do Work-related Stress and Reactivity to Stress Predict Dementia More Than 30 Years Later? Alzheimer Dis. Assoc. Disord 21(3), 205-209.
· Eckel, R. H. 외(2005). The metabolic syndrome. Lancet, 365, 1415-1428.
· Epel, E. S. 외(2004). Accelerated telomere shortening in response to life stress. Proceedings of the National Academy of Sciences of the United States of America. 101(49), 17312-5.
· FEELguide, 2014, 11월 19일.
· Giovanna, M. 외(2018). Does Testosterone Treatment Increase Anger Expression in a Population of Transgender Men?. The Journal of Sexual Medicine, 15(1), 94-101.
· Hagen, B. 외(2013). A big hole with the wind blowing through it: Aboriginal women's experiences of trauma and problem gambling. International Gambling Studies, 13(3), 356-370.
· Hassanbeigi, A., Askari, J., Hassanbeigi, D. & Pourmovahed, Z. (2013). The relationship between stress and addiction. Procedia - Social and Behavioral Sciences 84, 1333 - 1340.
· Heinrichs, M. 외(2003). Social support and oxytocin interact to suppress cortisol and subjective responses to psychosocial stress. Biological Psychiatry, 54(12), 1389-1398.
· Jacoby, N. 외(2013). The role of acculturative stress and cultural backgrounds in migrants with pathological gambling. International Gambling Studies, 13(2), 240-254.
· Joseph G. Schenker, J. G. 외(1992). Stress and human reproduction European Journal of Obstetrics & Gynecology and Reproductive Biology, 45, 1-8.
· Kalantaridou, S. N. 외(2004). Stress and the female reproductive system Review. Journal of Reproductive Immunology, 62, 61-68.
· Kaul, P. 외(2010). Meditation acutely improves psychomotor vigilance, and may decrease sleep need. Behavioral and Brain Functions, 6, 47.
· Kubzansky, L. D. 외(2010). Aldosterone: A forgotten mediator of the relationship between psychological stress and heart disease. Neurosci Biobehav Rev, 34(1), 80-86.
· Lin, J. 외(2022). Stress and telomere shortening: Insights from cellular mechanisms. Ageing Research Reviews, 73, 101507.
· Luders, E. 외(2016). Estimating brain age using high-resolution pattern recognition: Younger brains in long-term meditation practitioners. NeuroImage 134, 508-513.
· Marsh, N. 외(2021). Oxytocin and the Neurobiology of Prosocial Behavior. The Neuroscientist, 27(6), 604-619.
· Matsushita, H. 외(2019). Oxytocin and Stress: Neural Mechanisms, Stress-Related Disorders, and Therapeutic Approaches. Neuroscience, 1(1417), 1-10.
· Monika Sivonová 외(2004). Oxidative stress in university students during examinations. stress, 7(3), 183-188.
· Morhenn, V. (2012). Massage increases oxytocin